AQUARIUS

AQUARIUS

AQUARIUS

AQUARIUS

Catcher

一如《麥田捕手》的主角，
我們站在危險的崖邊，
抓住每一個跑向懸崖的孩子。
Catcher，是對孩子的一生守護。

起跑

幼兒園，孩子人生的第一仗

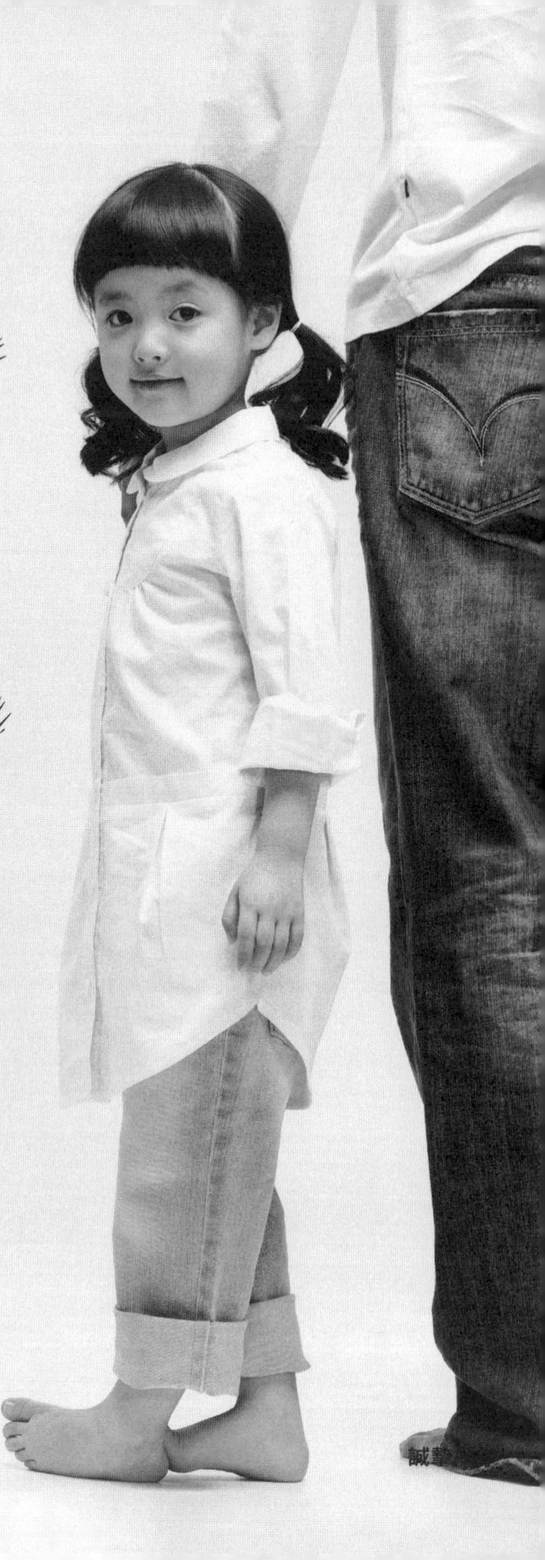

TJ園主任——著

誠摯

【推薦序】一本感動的教育書

洪蘭（中央大學認知神經科學研究所所長）

看完這本書很感動，如果台灣每一個老師都像作者這樣有愛心、有耐心，觀念這樣正確，我們的教改就成功了一半（另一半在父母身上）。幼稚園是人生啟蒙的第一課，從腦造影實驗知道，童年期的經驗對我們的影響遠大於過去所知，因為現在了解大腦如何修剪它的神經元（人一出生時，有十兆那麼多的神經元，大腦負擔不起，所以必須修剪掉沒有用的，它有點像果農的疏果，去除用不到的神經元，確保用得到的有足夠的養分），它修剪的原則是凡是有跟別的神經元連接過的留起來，沒連過的修剪掉。所以幼兒期的經驗非常重要，更不要說好習慣養成後，終身受用不盡，而壞習慣需要十倍的力氣去戒除，動物實驗甚至告訴我們，即使戒掉了，三不五時還會「自然回復」（spontaneous recovery），所以啟蒙老師是人一生中最重要的老師。

過去不看重幼教，認為去幼稚園只是唱遊、吃點心，那是錯的。其實幼稚園所教的正是做人的第一步，朱子家訓說「黎明即起，灑掃內外」，以前私塾都要等學生懂得掃地之後，才教他讀書認字。我們現在是反其道而行，念到高中，孩子還不會打理自己的生活。書中的每一個案例都點出台灣目前教育的問題，例如〈萬聖節是誰的節日？〉就深得我心。

我剛回台灣時，在學校附近看到小朋友打扮著妖魔鬼怪去遊街。我好奇的問他們：「你們在做什麼？」小朋友搖搖頭：「不知道」，我問隨行的老師：「萬聖節是幹什麼的？」老師也搖搖頭，反正就是打扮好上街讓父母照相，大家樂一下。我對這種一味抄襲西方，不知道為什麼卻跟著人家胡亂瞎鬧很不以為然。我們自己的中元節反而不知道它的意義了。

不知理由純粹趕流行實在是不可取，一個民族的節日有其文化的意義在內，透過慶祝節日把文化傳承下去。但是現在一切膚淺化，中秋節淪為烤肉節，元末民不聊生，大家相約以月餅傳送訊息起義，推翻蒙古人的故事已經沒人知道了，真是令人感嘆。

教育脫離了生活是失敗的，杜威曾一再強調「生活即教育」，書中每個孩子的問題都可以追溯到他的家庭，看到孩子很得意的說「我爸是流氓」，感到又可憐又好笑。他當然不知道流氓的意思，不然就不會來學校這樣說了，但是他們家不以做流氓為恥，這就令人擔憂了；又如偏食的孩子，一吃青菜就要吐，老師約了家長來談，但是會寵出這樣女兒的媽媽本身就有問題，果然家長認為在校嘔吐是學校的事情，學校要想辦法解決，還說「如果我有辦法，幹嘛送她來學校？」完全沒想到教養孩子是父母的責任，不是老師的。

其實孩子從小要給他吃各式各樣的食物，長大後才不會偏食，因為小時候母親給的食物孩子會沒有戒心的吃下去。長大後才接觸的新食物需要很長一段適應期，這是演化來保護自己的本能。老鼠吃到陌生食物時，都是先咬一小口，等二十四小時無狀況後，才敢吃大口一點，所以毒老鼠的毒餅若一次沒毒死牠，就可以扔掉，牠絕對不會回來吃第二口。其實人也是一樣，很多中國留學生在美國住了二、三十年，還是吃不慣美國的起司，因為小時候沒有吃過。我們每個人都會懷念媽媽的菜，除了美味、懷舊，其實還有安全感在內。所以父母真的為孩子好，小時候請盡量給他吃不同的食物，替他做好世界公民的準備。

書中最可憐的就是沒有媽媽的兩個小姊弟，沒有人替他們洗澡，身上有臭味，被同學排斥。我在山地學校有時會看到這種情形，幸好我碰到的老師都非常好，叫他們站在洗拖把的水槽裡，由老師替他們洗澡，洗完，換好乾淨的衣服才叫他們去上課。所以我每學期都募一些衣服放在輔導室，給有需要的孩子穿。也有個校長乾脆買台洗衣機、烘乾機放在學校，孩子早上來，先去洗澡，校長把髒衣服丟去洗，放學時再把乾淨的衣服穿回家去睡覺（很多孩子不知道什麼叫睡衣）。校長說至少這樣棉被不會很髒，因為學校管不到棉被。

作者教的是公立幼稚園，所以會有一些家境不好的清寒孩子，公立幼稚園的老師講起來真是任重道遠，當家庭功能不彰時，靠的就是有愛心的教師了。書中說到作者在換泳衣時，有孩子在外面大聲叫媽媽老師，一間間推門去看，急著要找她。這段讓我看了非常感動，對很多不幸的孩子來說，媽媽不一定是生他的人，是任何對他好，給他溫暖的人。在現在的社會，這個人最可能的就是他的老師了。

老師是個神聖的志業，沒有任何一個行業能帶給我們這麼大的滿足感與成就感。我很高興台灣有這樣的好老師，願每個啟蒙師都能像作者一樣！

目錄

卷一

快樂童年裡的學習

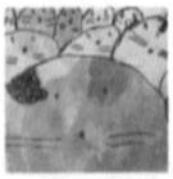

上課那天，她認真的教孩子摺蘿蔔。
不厭其煩的，對每個孩子都認真說明，臉上的笑容從沒斷過。
她只是一個中班的孩子啊！

小老師（一）

她非常認真的準備她隔日上課的課程。
據媽媽說，平日看似散漫的孩子，第一次這樣認真看待自己的工作。
第一次讓媽媽感受到原來平日看似「歡歡」的孩子，有著這樣負責任的一面。
每每遇到不盡如她意的事情時，她總以哭泣來解決問題，但是這一次，她一反常態。
遇到不明白、不會的，她認真的詢問，反覆跟家人討論，反覆做著練習。
聽媽媽說著，我想像她或蹲或站在桌前，反覆摺著紙蘿蔔的小小身影。
這樣想著時，我莫名的感動著。

別具深意的「小老師」課程

每年的畢業前夕，「小老師」的課程活動，總讓老師有著許多的驚喜。特意的安排這樣的活動，是因為不僅想給孩子舞台來表現專長，也更希望藉由孩子和家人設計課程、準備教材的過程中，間接的提供爸爸媽媽一個與孩子共處，更了解孩子的機會。

而我在這期間最大的收穫就是，看見孩子上台的成長歷程。從害羞膽怯到勇敢自信，就像是毛毛蟲蛻變為蝴蝶一樣。這些孩子的改變，總讓我有著許多的驚喜與感動。尤其是**對那些平常總會「躲起來」的孩子**。活潑的孩子總如珍珠光芒般，璀璨、毫無掩藏，但是安靜的孩子卻總是容易被遺忘。因此，當我想像著，中班年紀的她，認真專注的練習想要教同學的摺紙。那樣專心一致的表情，讓我有著欣慰與驚喜的情懷。

懂得解決問題的方法

一開始遇到年幼的她，說話邏輯並不是那麼順暢，總要人反覆再三的思考，才能大約聽懂她的意思。

排隊被碰到手，她馬上大聲狂哭，委屈得就像是被欺侮了許久的小媳婦；睡覺醒來，她莫名的大聲狂哭，理由是肚子很餓，她想吃點心；上課時無來由的狂哭，原來是昨晚沒睡飽，今天心情不好；更甚者，參觀小學教學完畢，她也哭了，只因為她還不想回到教室。

經過八個月的相處，**她開始知道怎麼解決問題，知道其實哭無法解決一切。更重要的是，她懂得「提問」的意義。**

知道做錯事，明白不會做，也是一種學習，沒有什麼好介意的。

課程背後的意義

因此當媽媽告訴我，在家她問大人，如何摺紙的方法，並認真反覆練習時，我心裡的小小聲音說著，是的！這正是我想安排這項課程活動的原因啊！**給年幼的孩子機會，讓孩子勇於表現自己，願意表達自己**，正是此意啊！

上課那天，她認真的教孩子摺蘿蔔，不但自己示範摺的方法，還一個一個教孩子摺。

不厭其煩的，對每個孩子都認真講解說明，臉上的笑容從頭到尾都沒斷過。

等到課程結束，她的第一句話是，「好累喔！」

但是她的兩眼發光，她的臉笑著。她小小的酒窩，掛在她自信開朗的眼眸裡。

她是真正的小老師。

「當她每一次說好、說懂時，其實她不一定真懂，她的理解也許只有一半，但是為了配合成人的意念，所以聰明的孩子會告訴大人說，我懂。」我說。阿加的媽媽很認真的聆聽著。

小老師（二）

上課前，我們要孩子先跟爸爸媽媽做討論，想想自己想上什麼課，可以怎麼上，要準備哪些東西。

等到確認完畢，我們會再跟孩子做更進一步的討論確認。

進行這個步驟的前提是，我們必須在學校先跟孩子進行團討，等到孩子與父母分享後，我們再進行個別討論。

教音符的「小老師」

這天，是阿加與我們進行個別討論的時候。

「老師，我要教音符。」阿加說。

她準備了音符卡，因為她想教認識音符的活動。

「很特別喔！」我說，「你想怎麼教？」

「我會將卡片貼在白板上，然後拍節奏，讓小朋友跟著一起……」阿加不慌不忙，有條理、有次序的，訴說著她將如何上課的方法。

看一個小孩有條有理的說她要上課的方式，這樣的小大人模樣，讓我感覺有趣與新鮮，很想知道阿加會用什麼方式帶孩子。

「我會先拍全音符的動作，再來是二分音符，四分音符……」阿加繼續說著。

這幾年，還不曾有孩子教過認識音符的課呢！

我告訴阿加，你可是第一人呢！

阿加點點頭，靦腆害羞的笑了。

「我一定會當個好老師。」阿加的口吻有著堅定與認真。

我想，被期待的阿加，這時心裡一定很滿足。

「那麼就期待你上課喔！」我說，就這樣結束我們的課程對話。

當孩子被要求「立即長大」

在家是嬌嬌女的她，有著傻大姐般的性格，伴隨著伶牙俐齒的口才，總讓人誤以為她是個成熟懂事的姐姐。

從小就像小公主般被呵護的阿加，在妹妹出生後，發現自己的世界被分割了。爸爸媽媽給的愛，必須分給妹妹。她開始有著被侵犯的感受。

因此家裡的阿加，跟小她兩歲、倔強的妹妹，總是不時的爭吵衝突，讓阿加的爸爸媽媽傷透腦筋，不知該如何解決姊妹爭吵的問題。

來到學校的阿加，想要當大姊的心態開始明顯，卻也增加了許多跟孩子的衝突。重點是，阿加並不認為自己有錯，因為，「我只是想要告訴他這樣才是對的。」阿加如此解釋。

於是我想阿加並不是刻意的，在她的認知裡，也許當姊姊就是要讓弟弟妹妹全部都要聽她的話，這樣才是姊姊。

我試著用阿加的心情臆測這孩子跟同儕相處時的心思。

觀察阿加一陣子，我們找了個下課時間與她的媽媽對話。沒有太多的客套，也不拐彎抹角，我們直接切入主題。

題目是阿加的心態。

言談間，我們留意到其實阿加的爸爸媽媽是很用心的父母，他們其實也都很清楚孩子的問題出在哪兒，只是一時也無法釐清那樣的情緒。

當孩子感受到被分享的愛，被要求「要立即長大」的壓力時，孩子反射出的舉動與父母的回應，有著一波一波如潮水般的洶湧。

當浪打在石頭上越猛，回應的反應也越劇烈。

就父母的心情來說，每一次與孩子衝突，並不一定是因為真正的衝突，而是一種試探加答案的雙重回應。

對孩子來說，每一次的試探都是一種修正。對父母來說，每一次的給答都是一種壓力。

試探、給答、修正、壓力，親子間的交互衝突在反覆之間循環著。

父母改變，孩子跟著改變

我們試著提醒阿加的父母，也許看似高大的阿加，並不是我們想像的那麼成熟。

「？」阿加的媽媽眼裡閃過一絲問號。

「但是她跟我們的對話都非常穩定，就像一個小大人，讓我們每次都覺得她很成熟。」

「言語的發展與頭腦的發展，不一定一致。」我說。「當她每一次說好、說懂時，其實她不一定真懂，她的理解也許只有一半，但是為了配合成人的意念，所以聰明的孩子會告訴大人說，我懂。」

阿加的媽媽很認真的聆聽著。

「我們要不要試著先改變自己的想法與做法？調整一下心態，在每次跟阿加說話或遇到衝突時，先不急著處理，緩一緩，再跟她對話？

「等孩子改變需要時間，還不如先改變我們。先試試一陣子，你覺得如何？

「當她跟妹妹衝突時，先不急著責備她，緩一下也許會比較好。說實在的，她當『獨生女』也不過三年，一下子要將家人分享給妹妹，一下子要要求她長大，對她來說，似乎有點壓力呢！」

討論分享期間，我們這樣的建議阿加的媽媽和家人。

培養看重自己的責任

我知道，阿加的家人聽進去了。因為後來的日子裡，阿加的改變雖然不快，但是非常明顯。

她的情緒逐漸穩定，跟班上孩子的衝突減少。

偶爾跟阿加聊起妹妹，她的言語與態度變得和緩。

我想，爸爸媽媽在家跟阿加的相處，應該有了些許的調整。因為改變，讓我們都感受到了。

我沒再問過阿加媽媽，也不再特意問阿加爸爸。偶或電話聯繫，我只重點的詢問阿加近來的改變，而爸爸媽媽的回應也總是「一如往常」。

我想，阿加的爸爸媽媽其實也跟我一樣，正默默的等候著，靜靜的等待著，轉換成人的心態，等待孩子真正成熟的那日。

在生活裡，我一如往常的觀察留意著阿加，有意無意的給阿加鼓掌。

「阿加很棒，是個好姊姊，你看都會幫忙小太陽整理東西呢！」

「阿加可以幫我們念故事給小太陽們聽嗎？」

記得她剛來到小太陽班時，請她幫忙做事，沒有一次是確實完成的。

我總笑稱，這個虎頭蛇尾的小姐。

看得出她對自己的責任不夠看重，對自己的自信略嫌不足，而這其實不能怪她，只能說她並沒有被培養要看重自己的責任。但是隨著時間流逝，在這總是被老師要求要自己來的環境裡，阿加的確有了不一樣的轉變。

當不被特意要求時，她反而開始會自己要求自己。當課程進行到小老師時，這樣的轉變尤其明顯。因為她是真正的要上台當一位老師，而不是角色扮演的老師。

這對阿加有著莫名的吸引力。

輪到阿加老師上台教課的那天，她笑咪咪的走上台，穩重自信的表現，看得出在家裡有著多次的演練。

她大聲緩慢的解釋著全音符與各式音符的不同，穩定的用手拍擊著節奏，要孩子也隨著做出動作，一次、兩次、三次。

每一次的節奏拍擊後，她都不忘給每一個出來練習的孩子獎勵。

每一個跳躍的音符就這樣無形的根植在阿加的學生心中。

我心裡想著，這是一次成功的「小老師」教學。

明白自己是被愛的

事後，她的媽媽給的回應是，阿加花了許多時間準備小老師的課程，而且非常看重，表現得很有責任感。

我非常感動，其實她是很在乎自己被賦予的責任，也真的可以做得很好。她其實很棒，只是需要更多一點的時間來肯定自己，**明白當自己做錯事或被責備時，依然都是被愛的**。

那日之後，她的懂事與自信更加明顯，她的穩定更加穩定。

這位小老師已化身為真正的小老師了。

我們努力的告訴她，你把華華教得很好，
她又有禮貌又乖巧，絕對不是她所說的那樣。
每一天，我們都不厭其煩的這樣重複的告訴這位母親。

請多多關照

開學初，她的眼神，讓我印象深刻。

我想著，她的不安是為何。

開學第一天，這位母親只要見到我，總是急忙的哈腰鞠躬，頻頻說，「老師，拜託你們了！老師，請多多關照孩子。」

每一天，每一天，她的不厭其煩與刻意表達，讓我開始不得不特別留意起這位焦慮的媽媽。

我想，她的不安與焦慮似乎有些過頭了。

有一天，我對這位媽媽說，「我也要拜託你，請在家好好照顧孩子，我們也會在校盡力照護孩子。」

第二天、第三天，我們倆都相互重複著一樣的對話。

第四天，當她開始要說出請多多關照時，這一次，我正色的告訴她，「媽媽，我們相互關照吧！在學校照顧孩子是我們的工作，在家裡，就請你好好教導她，讓我們一起互相幫忙，互相合作，所以，請不要再跟我說，請多多關照！因為關照就是我們的責任，而且我也要拜託你，請你也多多關照，請好好照顧她。」

媽媽愣了一下，有些不能會意，但就在那一瞬間，她笑了。

我注意到，她的眼神，有了一些不一樣的轉變，其實應該也是靦腆壓抑個性的她，笑開了的表情裡帶點意外。

我知道，我的話語裡有些東西在她心裡開始發酵。

小心翼翼的孩子

華華，聰明文靜、自律甚高的一個好孩子。

我特別注意到她，除了因為她的母親特別關心外，也因為她的雙眸異常的清澈敏銳，透露出她是個聰明伶俐的女孩。

而她特別小心翼翼的動作，與壓抑著的潛在焦慮，也讓我敏銳的感受到。這孩子的不安，其實非常明顯。

我翻閱孩子的基本資料表，從一家非常傳統的私立幼兒園轉來的她，在中班時期，學過許多才藝課程，包含珠心算、英文、國字，甚至連九九乘法表都學過。

看來應該是個十項全能，並擁有高度自信與表達能力的孩子，但是卻不然，她在課堂上表現出的缺乏自信與害怕出錯，令我意外。

討論時，華華從不表達意見，她總是會期待老師給個標準答案；畫圖時，華華總是畫得非常制式、標準，當遇到比較創意的課程時，華華就會開始感到焦慮，總要先看過其他孩子畫過的，她才會小心的下手。

令人心疼的學習經歷

我問了華華的媽媽，請教她華華中班時的學習狀況，也請教了華華轉學的原因。

華華媽媽想了一會兒，終於告訴我華華中班時的故事。

中班的華華有一天，不知因為什麼原因，大概是調皮吧！跟同學一起被老師罰寫功課。

老師說，今天要罰寫二十篇國字，寫完才可以放學回家。

時間一分一秒的過去。四點多，媽媽來接華華回家。

老師說，不行，華華只寫三行，請媽媽再給她一點時間，將該做的功課完成。

媽媽心裡雖然感到不甚舒服，但還是尊重學校的意願，先行回家等待。到了五點多，媽媽再度前往學校接華華放學。

這次卻是老師跟園長出面。每個人都說，不行，華華只寫五行國字，不可以。

媽媽想，這麼小的孩子，要寫那麼多國字，似乎太難了。

於是跟學校說，可不可以不要讓孩子罰寫這麼多，她還小……

一旁的園長很權威的說，不行啦！現在這麼小，不好好訓練，到國小時一定會跟不上。媽媽如果這樣教小孩，沒有照一定的規矩來，沒有讓孩子完成作業，將來有哪個老師敢帶華華呢？這樣的孩子，沒有人要教。

聽到園長話語的最後一句，媽媽馬上決定，下學期要讓華華轉學。

重拾對老師的信任

來到小太陽班的華華一直都很乖，乖得安靜順服，有時乖順得令人容易忘記她的存在，這讓我感到不安，擔心孩子不會表達自己的想法與需求，於是我們會在課堂中，特意的加入一些課程故事，要孩子學習勇於表達自己的感受。

課堂的幽默，讓華華偶爾會展開笑顏，但是更多時候，她上課時的嚴肅表情，會讓我小小擔憂，今天玩的課程是不是不夠精采，不夠好玩。所幸華華媽媽告訴我們，華華好愛來上學。她說，這裡好玩多了。

這樣的回饋，讓我稍稍放心。

知道華華中班時的故事後，我們更明白華華的表現，是來自曾被壓抑的學習歷程。她的純真、開朗之所以被抑制，是因為來自她對老師的擔心與不確定感。

我們想著，建立她對老師的信任感，應該是我們該給她的第一個課程吧！於是，我們跟她聊天說笑，我們鼓勵她幫忙老師做小老師，我們說上學的繪本故事，要她跟朋友討論分享，我們請她開口說話。當她害羞的笑著時，我們會故意逗她，讓她更開心。

漸漸的，從剛開始來上學，她打招呼時總小聲得跟貓咪似的音量，到有一天，她突然很有禮貌的彎腰鞠躬，大聲喊著，「老師好！」

那樣的轉變，讓我們意外又驚喜。

沒有自信的母親

每一次，華華母親來接她時，總一定要跟老師說個三兩句話。其中講得最多的就是，華華是個能力不好的孩子，請老師多多關照。

我總感奇怪，華華明明就是個乖巧聰明的孩子，怎麼會是能力不好的孩子呢？於是，我們努力的告訴她，你把華華教得很好，她又有禮貌又乖巧，絕對不是她所說的那樣。重點是，我們對孩子是有信心的，我們相信華華是個有能力的孩子，請她要對自己的孩子有自信。

每一天，我們不厭其煩的這樣重複的告訴這位母親。

其實，我們真的是這樣認為，因為她真的是個用心的媽媽，只是她需要更多的鼓勵。我們希望孩子自信心的建立是從媽媽開始，**當媽媽對自己與孩子有自信，孩子也會跟著逐步建立起自己的自信心**。

老師！請讓她自己來

有一天，放學時間到了，媽媽反常的沒有提前到教室接孩子。當我們帶著孩子的隊伍前進到校門口時，遠遠的看見在校門口等待的媽媽，我有點意外，因為媽媽今天沒有特別前來隊伍迎接孩子。

而更意外的是，媽媽笑開的臉上竟喊著：「老師！請讓她自己來。」我回頭看正望著媽媽和我的華華，我對著她含笑點頭，於是華華開心的飛奔前往她母親的懷裡。

我想，當媽媽願意讓華華自己來，且不要大人相伴時，就表示她對華華的信任與對學校的信任開始加深了。

我想，我們跟華華的學習旅程，終於真正開啟了。

我記得我曾在前一本書裡，提到要給孩子勤勞的機會。
其間也談到曾有家長要求不要讓孩子參與學校任何的打掃工作，
因為他認為那是不必要的學習，不需要再特別的給予教導和機會。

好多「長」！

跟孩子們一起討論，教室裡有什麼工作是我們可以做的呢？

孩子紛紛舉手發言。

打掃，嗯！可以。收餐車，嗯！可以。擦桌子，當然可以。還有收椅子，沒問題。

還有嗎？我問著。

阿緯舉手了。

「搬小床！」噢！沒錯，絕對也是重要的工作。

抬高。

獨特的「工作長分配表」

那麼要怎麼分配呢？大家熱絡的拚命舉手，紛紛發言，我我我……一雙雙小手拚命的抬高。

最後，大家決定用猜拳來決定。黑白黑白ㄘㄟˋ！剪刀、石頭、布！

哇！很快的，大家的工作就這樣決定了。但是要怎麼稱呼呢？

「值日生啊！」老成的阿沛說。「當班長。」小丹妹妹說。「里長！」安安回答。

好極了！新鮮又有趣喔！大家覺得真好玩。那麼我們就來當個「長」吧！

既然大家都決定好要當什麼「長」，那麼請各位小太陽們，將自己畫下來，讓我們做一張「工作長分配表」吧！

孩子歡呼著，於是畫紙上出現許多的小太陽，大家紛紛畫下自己，塗好顏色，用剪刀小心翼翼的剪下自己的形體，將自己貼在工作表上。

「這是我的工作，我是桌子長！」

「我是電燈長喔！」

「我是餐車長耶，中午要收拾餐車的。」

孩子們開始七嘴八舌的討論。

就這樣，小太陽班出現了餐車長、椅子長、桌子長、電燈長、掃把長、小床長……

只要到了中午時分，好多長就會在小太陽班穿梭著，只差沒有董事長啦！

學會負責

執行這樣的策略以來，孩子們每天中午都能認真的做好自己的工作，當然也會有疲累調皮的時候，這時就需要一些鼓勵與制約，視情況給一點獎勵或一些責備，鼓勵孩子盡力的將自己的工作做好。

每一個「長」都代表一份責任，班級裡的每個「長」，都有自己的工作。

桌子長和椅子長會在每一次的點心餐後，開始盡責的擦拭桌子，翻起椅子，好讓掃地長使用掃把好好的掃地，再由拖地長拿起拖把拖地。餐車長會在孩子吃完午餐後，將餐桶蓋蓋好，將餐車擦拭乾淨。

孩子的工作環環相扣，雖然年紀還小，但是在這其間，他們也漸漸體會什麼叫做盡自己的責任，什麼叫做分工合作。

我慶幸，孩子們因為大人賦予的責任，因為我們的相信，所以他們每天都會做好自己分內的工作。

不再是王子與公主

讓我最最感動的是，小床長每天都不用老師提醒，時間一到，那六個小床長就會自己跑去寢室間，將一張張的小床搬動排列好，然後在就寢時間結束時，也會一起合作，將小床一張張的收拾排列好。

孩子的自動自發讓我非常感動。

這群孩子有些從小到大就是王子、公主，從來不曾在家做過任何家事。我記得我曾在前一本書裡，提到要給孩子勤勞的機會，其間也談到曾有家長要求不要讓孩子參與學校任何的打掃工作，因為他認為那是不必要的學習，不需要再特別的給予教導和機會。我曾因此而深深惋惜與感到遺憾。

來到小太陽班，我期望孩子是在樂意的心情與期待中，讓自己動手做。看到孩子的漸進成長，也顯示出孩子們真的是需要我們賦予責任與信賴。

看到每一個長都這樣的用心與努力，我更是深刻的體會，**相信孩子，給予孩子，然後孩子就會自己成就自己**。

我要求他不隨便敷衍、打馬虎。
這樣的要求開始讓他有點為難。
因為聰明的孩子覺得有做就好，反正就是交差了事，但是我堅持不能隨便。

我喚他「大哥」！

我喚他，大哥！他笑得燦爛、開懷、害羞又開心。

從別的園所轉來的他，總是說他什麼都不會，請他畫畫，他說他不會；點心後請他整理桌椅，他說他不會；上體能課跳健康操時，他也說不會。

我問他，為什麼都說不會。以前不是讀過幼稚園嗎？至少也要會一些吧！

他說，以前畫圖都是看著畫圖老師畫的，現在老師不示範，他不知道怎麼下筆；整理桌椅他很少做，因為以前都是老師擦桌子的，他只要負責洗碗就好；上體能課時，他沒有跳過健康操，所以他不會。

所以我們也很包容，沒有特別要求他做得完美。重新教他怎麼做好生活自理，教他怎麼收拾整理，要求他只要盡力就好。

幾次下來，他的確是會了，在剛開始時也做得很好，但是我們發現，漸漸的，他會了以後開始稍稍懶散了。他覺得反正有別人會，所以他就不用特別會。

這是一個超聰明小孩的心態，而他的聰明心機，就這樣被我們一眼識破。

半強迫半要求

觀察幾次後，我決定半強迫也半要求，要他自己「完整」做好自己的事情。所謂完整做好自己的事情，就是不隨便敷衍、打馬虎。

這樣的要求開始讓他有點為難。聰明的孩子覺得他有做就好，反正就是交差了事，但是我堅持不能隨便。

於是為了給他一些鼓勵，我們跟他說好，在他工作的好時，給他獎勵的點點；當他沒做好時，一個點點也不給。他接受了。

他開始會自動搬椅子、整理好自己的東西，工作櫃漸漸的比較不凌亂了。

我們特意隨時的提醒他，而且還點點大放送哩！他獎懲表裡的點點，速度飛快的增加。

當然偶爾也會有輕忽驕傲的時候，這時我們會在他出現不當行為時，公正的扣他一個點點，讓他知道，老師可不是那麼好拗的。

他做得到

第一次被扣掉點數的那天，他看來有點沮喪，我喚他來。

我跟他說，你知道你是班上的大哥哥嗎？

他笑得靦腆，回答我，知道啊！

我說，那麼你要有大哥哥的樣子啊，長得這麼帥，動作也要帥啊！他笑開了一些。

我知道他是獨子，家人的掌上寶貝，因此很多時候，他的動作會比較驕寵，比較依賴，做事的效率會比較慢一點。但是他的本質是善良的，其實他是一個可信賴的孩子。

他告訴我，爺爺叫他少爺。

我說，少爺啊，我要叫你大哥，因為你是班上最年長的，也就是班上的大哥哥，當大哥要有大哥的態度，必須做好自己的事情，管好自己的心情。

他認真的聽我說，那樣專注的表情，讓我好笑又感動。

我告訴他，我真喜歡他當我們的小幫手，因為我知道他做得到，而且重要的是，他可是我們的大哥呢！想要當大哥，可不是每個人都當得起的。

他聽了，點點頭。

我想著，不知這樣的方式是否能奏效。

他主動幫忙

跟孩子進行獎懲的策略其實是一刀兩刃，使用得當，孩子會像天使；使用不當，孩子卻會受傷，在這方面的應用，我總是小心翼翼，隨著孩子不同的性質給予適當的獎勵。可以的就持續進行，不行的趕快調整。

第二天開始，我注意到他開始表現得越來越像個大哥哥。

他管理好自己的物品，也整理好自己的東西，他上課的專注力較以往都進步，吃東西的速度與意願也提升許多，甚至他還主動幫助年齡小的弟妹拿東西。

這樣的日子持續了一段時間，偶然我跟他閒聊著。

我說，大哥，你真的做得好極了。一邊伸出大拇指。

他說，好啦！我知道了啦。

偷偷笑著的嘴角，眼神裡淨是得意與滿足。

晚上，孩子上床的時間大約幾點？
大約也是在八點半後，一定讓孩子上床躺著。
當孩子睡飽了，情緒安定了，學習也就安定了。

睡飽很重要

「老師，晚上孩子都不早點睡，怎麼辦？」

「請問你們大約都是幾點上床呢？」

「大約是九點半到十點鐘。」

「的確是有點晚了，那為什麼不早點睡呢？」

「因為我有工作要忙。」

「那麼你們是讓孩子自己睡，還是陪他睡？」

「啊，說到這兒就令人生氣。他都不自己睡，總要等我們陪。」

「那你為什麼不先陪他睡？等他睡熟了，再做自己的事呢？」

「可是我有很多工作要做。先陪他，工作就做不完了……」

這是班上家長與我的對答。

小恩最近的情緒不是很穩定，總是很容易發怒，甚至會有動手打人的行為。我們也注意到，特別是每逢週一，小恩的情緒最不穩定，觀察了幾週，發現「睡不飽」是最大的原因。

小涒從開學以來，只要一點小事不如她意，她就狂哭不止。軟的、硬的，無論任何的策略因應，小涒就是無法遏止哭泣。觀察留意到最後，我們發現，原來最大的主因是因為「沒睡飽」。

建議了小恩與小涒的家人，請他們在家調整時間，讓孩子早點上床睡覺，養成定時作息的習慣，漸漸的，我們發現到**孩子的情緒開始穩定，重要的是，他們安定了，學習也就安定了**。

父母輪流陪孩子先睡

晚上，陪恩恩愛愛睡覺是我跟爸爸輪流的工作。

當我有工作必須完成時，爸爸會先陪孩子們睡，等他們睡著了，我們才會開始做各自的事。當爸爸有工作時，就換我先陪他們睡，等他們睡著了，我才會起身做自己的事。

晚上，孩子上床的時間大約幾點？大約也是在八點半後，一定讓孩子上床躺著，即使睡不著，孩子在溫暖的被窩裡，也會因為睡覺的氣氛，而逐步的進入夢鄉。此時，孩子睡著的時間絕對不會超過九點，最晚也不會超過九點半。

早上起床的時間也會很固定在六點半至七點間，他們會自己起身，然後滿足又開心的喊著，該起床了！

孩子的情緒是最好觀察的，他們的笑臉告訴你，我今天有睡飽喔！如果孩子的臉上沒有滿足的笑意，而是愁眉苦臉，或者哭泣憂容，就表示如果不是身體不適，就是沒有睡飽。

孩子的生理時間有其固定性，我發現，當他們的作息穩定，他們的注意力會比較集中，學習效果也會比較好；相對地，沒有睡飽的孩子，情緒變得容易受影響，注意力分散，學習力降低，連帶著也影響到他們在同儕之間的相處關係。

恩恩愛愛還在襁褓時，阿嬤總說，孩子睡著時，不要輕易叫孩子起來喝奶，讓孩子好好睡，孩子睡得好才會長大。

在長一輩的傳統教養觀念裡，養孩子是吃得飽還不如睡得飽。孩子睡了就不要再叫起來喝奶，讓孩子好好的睡，自然的醒來，肚子餓就會本能的用他們的哭聲來叫我們。當時新手媽媽的自己，沒能體會深刻，但是隨著孩子的成長，我卻深深體驗到，的確是如此，孩子睡得好，對大人來說，其實也是種重要的福氣啊！

那也表示孩子擁有健康的身體，擁有規律的成長，我是深感幸福與慶幸。

質的陪伴最重要

其實小恩的媽媽曾經問我，她已經努力找時間陪他了，甚至都把工作帶回家做，為什麼老師還一直建議她要多陪伴小恩？重點是她也很努力的找時間，希望他早點睡覺，可是他不配合啊。

當時的我是這樣回答的：陪伴孩子有兩種，一種是質的陪伴，一種是量的陪伴。量的陪伴很簡單，只要大家都在家就好了，所以當孩子看電視，大人在旁打電腦，那也是一種陪伴的認定，但是這樣的陪伴有意義嗎？

我的回答是沒有意義。只有量的陪伴，那樣的陪伴是無意義的，甚至只是安大人自己自私的心意。而有品質的相伴，儘管時間短暫，但是卻能讓孩子充分感受到父母的愛意，讓孩子深刻的體驗，爸爸媽媽陪伴他們時，是全心放在他們身上的。當孩子擁有的愛滿足了，他們也就會全心配合爸爸和媽媽。

因此，當媽媽希望孩子早點上床時，最好儘量滿足孩子被愛的感受，因為愛被滿足，他也就願意配合時間，早點睡覺了。**其實孩子不願意早點睡，有時是因為他們單純的想要等待父母的陪伴**，滿足他們一天在校沒有見到父母的心情，那是一種親子間愛的表現。

在教育現場裡，我最常聽到的是，家長告訴老師，我們真的很忙，沒辦法陪孩子這麼多。我總是告訴這些辛苦的家長，其實**伴睡並不是絕對一定要的，但是陪伴孩子卻是不能缺的**，讓孩子早點睡，讓孩子擁有良好的睡眠品質，的確是可以讓孩子的情緒穩定，學習專注，這其實也是我們自己在教育現場體會的肺腑之言。

四個有效原則

但是要怎樣讓孩子早點上床睡覺呢？有幾個原則，我覺得可以提出來參考。

第一，調整大人自己的作息。工作可以先放一邊，但是孩子的作息不能亂掉，如果可以的話，請盡量以孩子的作息為主，大人的作息可以再自己調整。

第二，滿足孩子愛的需要。想想孩子一天之間有很長的時間沒有看到爸爸媽媽了，晚上見面的時間又這樣短促，爸爸媽媽如果可以伴著孩子，聽聽他們說什麼，給他們一些回應，告訴他們我們今天也很想你，相信孩子感受到父母的心意時，他們的愛也獲得滿足，睡覺也就成了一件快樂的事情。

第三，營造睡覺的氣氛。點一盞小燈，窗簾輕輕闔起，讓房間充滿睡覺的氣氛；小燈的作用在於預防孩子夜裡起身上廁所時跌倒。窗簾拉起，避免窗外燈光或聲響影響孩子睡覺的情緒。營造氣氛其實也是讓孩子可以早點入眠的好方法。

第四，床邊故事時間長短的衡量。睡前我跟爸爸都會說故事給孩子聽，這也是我們重要的親子時光。但是如果我們很累了，我們會這樣告訴孩子，今天爸爸媽媽很累，讓爸爸媽媽休息一次，下一次我們一定會補足故事。通常孩子都可以接受。

我也會衡量孩子睡覺的時間，決定今天說故事的長短，如果時間允許，就說長一點的故事；如果時間很晚，那麼就說短一點的故事。

睡飽，對孩子很重要，換個角度想想，對大人又何嘗不是呢？將心比心，只是因為我們多長了孩子幾歲，我們可以學習控制自己的情緒與需求，但是對於年幼的孩子來說，情緒的表達還不是很好的年紀裡，他們不明白怎麼告訴大人，我想睡覺，我沒睡飽，我感到不舒服，我們就一味的給孩子冠上「壞脾氣」，甚至是「天生氣質難搞」的標籤，我想這是不公平的。

我常說，**孩子的表現來自於大人的態度**。孩子睡飽了，情緒安好了，學習力增強，注意力專注，在跟同學相處時，也能比較快融入團體裡，相信孩子也會越來越快樂。

孩子快樂，我們何嘗不也快樂呢？

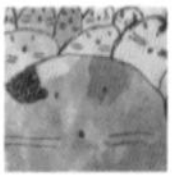

原來小高脾氣不好，除了年紀小，需要睡眠，但是卻沒睡飽外。其實，還有另一個原因，那就是小高跟媽媽相處的時間非常短。這讓小高的分離焦慮更嚴重。

當分離的焦慮來臨

他笑起來，兩頰有著淺淺的酒窩。大大的眼睛非常有神，配上圓嘟嘟的壯壯身材，是個非常可愛的中班男生。我們都叫他小高。

小高每天由媽媽騎著摩托車帶來上學，只要一下車，要離開媽媽的那瞬間，小高就會開始大哭大鬧，拳打腳踢。

身為他班級導師的我，這時就得使出「母雞抓小雞」的功夫，將小高一把抱起，用飛快的速度跟媽媽說再見。把小高抱進園裡，帶到餐廳。

在這過程裡，我身上總會多幾個瘀青，而小高的眼淚豆大，哭聲宏亮，拳頭落在我身上的次數不知有多少次。

每每都要我板起臉孔，大聲喝斥，他才會冷靜，狂怒的表情也才會在那瞬間靜止。

強迫分離，讓孩子更焦慮

冷靜後的小高，在班級裡其實非常平穩，會跟小朋友一起玩角落遊戲，也會跟著聽故事、唱歌，看不出每天上午來學校時的激動。

我常思考，要如何處理小高上學時所表現的激動與焦慮，畢竟使用抱他離開媽媽的方法，實在是太不得已了。

孩子跟母親的分離焦慮是必然的，強迫分離的方式只會讓孩子更加焦慮。對於這問題，我跟媽媽談過幾次，依然是無解。

因為小高的媽媽是個護士，並沒有太多時間留在這裡和小高慢慢磨，使用轉移注意力的方法又有限，因為固執的小高總專注在媽媽離開的時候。

他也不接受任何園裡師長的善意「賄賂」，給糖果、餅乾都沒用，他會一把丟下；他也不接受同儕的鼓勵，請小朋友帶他進教室。他總別過頭，不理人。

為了配合媽媽的上班時間，不讓媽媽遲到，最後只好用這樣最不得已的方式，暫時解決小高媽媽的問題，卻委曲了小高。

餐廳裡的「骨牌秀」

有一次，小高跟媽媽已經到學校了，卻遲遲不肯下摩托車。他緊緊抓著媽媽的衣角，哭得特別大聲。臉蛋上都是眼淚、鼻涕。待我將淚痕滿臉的小高抱進餐廳時，小高卻突然跳起來，開始往門外衝。我機警的趕緊將門帶上，擋住小高，避免他往外衝，發生危險。

小高卻開始對我拳打腳踢。

我抓住他的手，也沒有用。他掙扎著掙脫我，開始將餐廳的桌椅踢來推去。

原本也在餐廳裡的其他孩子被另外的老師很有默契的先行帶開，讓我可以跟小高好好的相處。

小高在餐廳裡奔來跑去，嘴裡大聲嚷嚷，「我不要上學！我不要上學！」

一開始用跑的，最後小高乾脆整個人躺在地上耍賴。

我猜是哭鬧累了，躺著的小高雙腳開始亂踢，冷不防一個用力，踢到桌子的腳。「咚

「咚——咚——」整排餐廳的桌椅開始如上演一齣骨牌秀般，一一往前傾倒。

我目瞪口呆，看著桌椅往前倒下，一時也忘了我要說什麼。

而躺在地上，本來正大哭大鬧的小高霎時也安靜了。

他呆呆的看著那如骨牌般倒下的長型餐桌椅。

我們師生倆愣愣的在餐廳裡，原本鬧烘烘的餐廳瞬時安靜了一分鐘。

直到廚房阿姨大嗓門的音量傳來，「唉唷！小高，你把桌子都弄倒了啦！」阿姨一邊喊著，一邊走來，叨叨念著小高，「小朋友不可以壞脾氣，老師都還沒發脾氣，你怎麼發這麼大的脾氣……」廚房阿姨絮絮叨叨的說，邊說還邊將桌椅扶起。

回過神的我，趕忙將小高扶起。小高這時已經不掙扎了。

他乖順的讓我拉起來。這時的他，像一隻溫馴的小綿羊，完全看不出剛剛那潑辣耍賴的模樣。

看見小高在那瞬間忘了自己的賴皮模樣，讓原本嚇了一跳，有點生氣的我，在小高起身的那瞬間感到好氣又好笑。

我想，這孩子應該是嚇到了。

「你有受傷嗎？」我問他。

他沒說話，搖了搖頭。

我檢查他的身體、手和腳，還好沒有受傷，倒是因為躺在地上，衣服都髒污了。我看著他，心想著，這時要說什麼好呢？

「我們一起把桌椅收好。」最後我說。

於是小高、我和來幫忙的廚房阿姨，一一將餐廳裡的桌椅扶起擺好。

小高沒說話，靜靜的幫忙將椅子放好。

等到桌椅都整頓好了，我要小高去拿掃把來清掃。

趁著小高掃地的時候，我想，也許下午等小高情緒更好一點，再來跟小高談吧！也要記得約媽媽來聊一下，讓媽媽知道小高在學校的情形。

找出分離焦慮原因

每當我的孩子耍賴時，我總會想起小高。

自從那次桌椅骨牌的事件後，小高就再也不大哭大鬧了。我覺得應該是這件事讓小高有了警惕，知道這樣的行為是不好的，會有讓人不喜歡的結果。

我後來跟媽媽談過，談到小高的作息與生活。

原來小高脾氣不好，除了年紀小，需要睡眠，但是卻沒睡飽外，其實還有另一個原因，那就是小高跟媽媽相處的時間非常短。

有時媽媽值大夜班，晚上不在家，白天才回來；有時媽媽值小夜班，回家時已經很晚了，而小高已經入睡了。小高平均每天見到媽媽的時間不到兩至三個小時，也就是小高起床後到必須去上學的時間。

這對年幼的小高來說，真的是一大折磨。

老師盡力協助

我跟小高約好，如果他可以在每天來上學時保持愉快的心情，那他就可以在上午點心之前，先到滑梯那裡玩十分鐘。

小高很喜歡溜滑梯，如果上學到校的第一件事是可以玩溜滑梯，我想他應該會比較樂意接受。

另外，我也跟小高的媽媽談好，**建議小高如果在家沒有睡飽，而媽媽時間又很趕，一定得送來學校的話。在小高來學校後，我就先讓他在教室裡鋪床睡覺。滿足孩子在被窩裡安穩的心情。**

當然最重要的，我們也建議媽媽如果可以，盡量撥出一些時間陪陪小高，跟小高說說話。不一定要買東西，即使就帶著他買東西或說故事都好。

只要滿足了小高想要媽媽陪的心情，相信小高的情緒也會穩定些。

小高還是中班年紀的孩子，不過剛滿四歲，他其實真的還小啊！

等待成熟是需要一些時間的。在等待小高長大的時間裡，這些哭鬧都會是必經的過程，所以我們就耐心點吧。

在與小高媽媽一起努力的情況下，小高接受了提議。每天上學時，只要笑咪咪，他就可以先到溜滑梯去遊戲，園長和老師們也都樂意配合。

偶爾我們也會跟他開開玩笑，「小高，桌子都怕你了啦！」小高完全不介意，他會害羞的低下頭，微微的露出他的小酒窩。

聖誕節表演拔蘿蔔時，小高自告奮勇說要表演蘿蔔。

「我這麼胖，而且又重，我演蘿蔔最剛好！」他說。

那樣的天真可愛，讓我的心笑著。

想想也是，還是得要這般穩重、直接的你，才能在餐廳裡上演桌椅骨牌秀啊！

關於讚美，也許我們可以試著這樣說：
「你做得真好，我很好奇你可以再想出哪些不一樣的做法？」
「你幫忙擔任小幫手做得真的很好，但是我覺得你還可以更好，比如……」

說好棒的話

那日，從美勞角蹦蹦跳跳走過來的阿莞，飛揚著她手上的公主繪圖。

端端正正的公主圖，很制式的在紙上跳舞。其實她畫得不錯，很有小女孩的風格。

「我畫得漂亮嗎？」

「不錯啊！這公主畫得很好。」

對我的回答，她顯然不滿意。

「老師，那我畫得很漂亮對不對？」

我笑著，然後問她，「我覺得很不錯，我已經回答你了，那麼你自己覺得漂亮嗎？」

「我覺得很漂亮。」

「那就對了。你覺得漂亮，那就漂亮了。」

「可是要你說漂亮啊！」

「為什麼一定要我說漂亮呢？我覺得你畫得很好，因為你很認真畫，所以我感受到你的用心最重要，不是嗎？」我問。

「可是老師你還是沒有說漂亮啊！」

「漂亮一定要說出口嗎？」

「嗯……」小女生歪著頭想著。

「換我問你好了。你覺得你畫得如何？」

「很漂亮！」她點點頭，給了一個肯定的回覆。

「嗯──」我也點點頭，告訴她，「我也這樣覺得呢。」

被讚美制約的孩子

對有些孩子而言，讚美似乎就如空氣般的讓孩子習以為常。假使孩子預期的工作成果得不到讚美與許可時，他們反而會出現不知所措、茫然與沒有自信的態度，更甚者，還會出現生氣、憤怒的態度。

對於這樣被讚美制約的行為，在我看來，總覺得是件不可思議的事情。

讚美的語言，不單是只有「你好棒！」「你最厲害！」等用詞。適當的讚美的確可以給孩子正向學習的動力，但是**過度的讚美，卻會讓孩子習以為常，降低挫折忍耐度，甚至也會養成孩子敷衍了事的習性。**

面對孩子的表現，也許我們可以試著這樣說：

「你做得真好。我很好奇你可以再想出哪些不一樣的做法？」

「你幫忙擔任小幫手做的真得很好，但是我覺得你還可以更好，比如，將牆角邊的垃圾清乾淨，那會讓你的『掃地長』工作做得更棒。」

「噢，我看見你做的了，很不錯的想法。再試試其他的吧。」

明確告訴孩子，希望哪裡可以做得更好；或者直接告訴孩子，你能夠好還要更好。不需要過度直接或誇張的讚美用詞，偶爾將孩子的優秀表現當成是一種理所當然。讓好的表現變成一種常態，對孩子來說，就是一種讚美。

跟孩子說話，在讚美與不讚美之間，該怎麼去拿捏，讓我非常的戰戰兢兢，因為我清楚知道，不同孩子有不同的特性與需求，我必須調整用字與遣詞，給予不同方式的鼓勵。

其實有些孩子是非常需要鼓勵的。

張貼所有孩子的作品

開學沒多久，我在教室門外張貼孩子的作品。

我的習慣是會將所有孩子的作品一律掛上。

我認為，無論大人的主觀眼光如何，**只要是孩子用心做過的，就是好作品。**

儘管在有些教育專家的眼光裡，對幼兒作品排排掛起的舉動不以為然，但我仍然認為對有些孩子來說，將作品展示出來是必要的。

當時安安站在我身邊，他安靜的一直看著我張貼完全部的畫紙。

「怎麼樣？有沒有看見自己的圖畫？」我問。

身材壯碩，看似粗枝大葉的安安，用著一種我未曾聽過的，似乎是受到深刻感動的音量告訴我。

「老師，我從來都沒有畫圖被貼起來耶！」

「真的嗎？」我訝異著。

安安是大班生，這學期剛從他校轉來。他的作品的確一向不是最突出的。

「對啊，因為我不會畫圖啊。」安安說。

「誰說你不會畫圖，我覺得你很認真畫圖啊！所以我才要將你的畫貼起來。」我說，「我一直覺得只要是認真做事的孩子做的作品，都是很棒的。」

安安原本緊閉著的雙唇露出了微笑。

「那貼起來，你高不高興呢？」我反問。

「高興啊！」他靦腆的，露出心滿意足的笑容，「我回去要跟爸爸媽媽說。」

第二天上學，安安帶著他的爸爸進教室來看他的畫，父子倆都是一樣的靦腆溫和的笑容。走過窗邊，我聽見安安跟爸爸說，「你看，那是我的！」

安安的口吻是驕傲又開心。

這讓我感到安慰。

讚美必須更被謹慎使用

我明顯的感受到，安安是個需要鼓勵與讚美的孩子，他跟阿莞一樣都喜歡被肯定。但是差別在於，阿莞已習慣於享受讚美，因此當未獲得她自己所預期的讚美時，她對自己的自信開始有了質疑，也就會要求大人必須給予回應，這樣的表現在她身上是非常明顯的。

安安則不然，在獲得肯定的表現後，反而有了明顯的進步，因為他體認到，只要用心就是最好的表現。

即使在他過去的學習經驗中，沒有過多的贊許，但是在受到肯定，不管美醜都一視同仁的對待時，他知道他是被珍視的，因此他的進步也就有目共睹。

於是我這樣想，**讚美的必要與不必要，到底尺度在哪裡？**

許多孩子在不受讚美時，會表現出無法忍受的態度。認為自己遇到挫折，對挫折的忍耐度降低，於是這些生命經驗不多的孩子，可能開始選擇自我放棄，質疑不被肯定的失落感，希望引起注意，卻又害怕傷害。這樣的過程是一次又一次，大人卻往往渾然未覺。

無知卻又自以為是的大人，不是過度讚美，就是吝於讚美，往往沾沾自喜於自己明白兒童的心理，但卻傷害了孩子而不自覺，還頻頻以教養孩子的專家姿態出現。

我不禁戰慄，恐懼著可怕的教養思維，唯恐迷失在讚美的洪流裡。

假如讚美成了肯定孩子的手段與方式，那麼大人不也在不知不覺間，成了扼殺孩子自信與勇敢前進的可怕幫兇嗎？

糖果逃學記

對初次上學的她來說，上學是件美好的事，
因此當遇見不美好的事物時，那樣的衝擊，
可能就是年幼孩子踏入人際社會的第一個挫折。

她那大大的眼睛炯炯有神，轉啊轉的無法掩藏她的機靈活潑，但是她也總是小心翼翼的觀察四周，留神他人的一舉一動。

笑起來有著甜甜的淺淺小梨窩，是個非常可愛的小女孩。

我常會想起她，想起時心裡有著小小的甜蜜。那甜蜜是因為我總覺得她就像一顆討喜的糖果，甜甜蜜蜜，膩膩黏黏的，讓人不自覺的滿心歡喜。

她是小布。

她的母親抱歉的說，「老師，不好意思，我家孩子要逃學了。」其實是要為孩子請假。

雖是半開玩笑的口吻，但是我聽得出媽媽心裡憂喜參半。

人際的第一次受挫

四月起，小布因為生病，上學變得陸陸續續，呈現半休學狀態。

孩子們問，小布怎麼了。不待老師回答，孩子就相互回答著，因為她生病了。

其實並不全然是因為生病。生病是導火線，主要是因為小布遇到了一些挫折。

前一陣子的小布，在跟同學相處時有了一些小挫折。

畫圖時，坐在小布對面的小姊姊對小布說，「你怎麼畫這樣？」言語間有著對小布圖畫的評論。

「不好看。」小姊姊說。

中班的小布很受傷。

從小不曾被人說自己繪畫不好看的小布有一種被攻擊的挫折，加上最近小姊姊有意無意的取笑很努力長大的小布，這該怎麼說呢？大班的姊姊各方面的成熟度都比中班的小布來得成熟。雖然中班的小布很努力的學習，想要跟大班的姊姊一樣，但是始終無法如願。

在娃娃家遊戲時，小姊姊總是排給小布不想扮演的角色，但是小布依然委屈接受；美勞創作時，小姊姊會說小布做的實在不怎麼樣，讓認真做美勞的小布感到失望；有時聊天時，小布想跟姊姊們一起說話，但是姊姊們跟小布說你不要插嘴，讓小布有被排擠的感受。

許多的點滴小事，在累積多次後，感覺受傷累累的小布，終於因為最後一次的畫圖事件，而明確表達不想上學的念頭。

老師的介入與處理

當小布的媽媽來說，我的孩子逃學了。

我心裡想的是，其實小布並不真的是逃學。**換個角度想，我應該要很高興小布說出了她心裡的想法**，於是我回答媽媽，「明白了，那我們就讓她這麼做吧！」

於是心靈受傷的小布開始暫時停課休息。

但是我隱隱的擔憂，孩子不想來上學，還有沒有其他特別的原因？如果是因為學校不好玩，那麼就是身為師長的我們必須加以檢討的；如果不是因為學校或師長，那麼會是因為什麼原因呢？如果我是小布，我會怎麼想？我想怎麼做？我會希望爸爸媽媽和老師是什麼樣的態度？我想像，也臆測著。

我們找來小姊姊們，跟小姊姊相談許久。讓小姊姊知道，有些她覺得沒有什麼的言語和動作，對小妹妹來說，會是一種介意，也會是一種傷害，因為將心比心，我們也不喜歡他人這樣對待我們。更要明白的是小妹妹還小。姊姊的一言一行，對小妹妹來說都是有影響力的。大班的姊姊聽懂了，我們也相信她懂了，再來就期望當小布回來上學時，姊姊可以更明白怎樣跟小妹妹們相處，而不會無意間的相互傷害。

處理孩子人際問題的關鍵

孩子的人際很有趣，就像一個小型成人世界的縮影。只是孩子比成人多了一份真誠，喜歡與不喜歡都不會有著惡意與刻意。情緒的直接是孩子與孩子間相處的模式，因此受傷的心情也會更加直接。

處理孩子的人際問題，往往必須從同理心開始，當孩子能認同他人與自己的感受相同，才能真正體會他人快樂或悲傷的心意。

小布沒來上學的幾天，學校裡沒了甜甜糖果的身影。

孩子們想念好脾氣的小布，總會問，小布什麼時候來？

我笑著無法回答，只能告訴孩子，她準備好時就會來了。

小布的媽媽很幽默，她總說，唉呀！我家小布逃學了。

我想著，小布真是幸福，有著一位深刻了解她的媽媽。

要做一個可以傾聽孩子心底聲音，並包容孩子的母親是不容易的，但是小布的媽媽正是這樣的一位媽媽。

小布的媽媽說，希望老師給小布一點時間整理心情，體諒她不想上學的心意。

我說，當然可以。

給孩子空間與時間學習成長，不正是我們的責任？

小布是需要時間，也需要一點空間的，我很篤定的這樣認為。

一堂挫折與療癒的課

對初次上學的她來說，上學是件美好的事，因此當遇見不美好的事物時，那樣的衝擊，可能就是年幼孩子踏入人際社會的第一個挫折。

當孩子遇見挫折時，並不會如成人一樣，有著立即抗壓的能力。大人因為成長過程的歷練，有著對環境事物變化的經驗，因此能立即反應處理問題，但孩子因為經驗不足，面對事情時會不知所措，因此他們的第一個反應不是哭泣，就是「我要回家」，或者是「我要找媽媽」。

孩子跟成人一樣，遇見挫折、失落時，回家正是第一個閃過腦海的念頭。家就是療癒的場所，家人的相伴就是療癒受傷的最佳藥方。

人隨時都會面對壓力與意外，當措手不及時，我們會有情緒，成人、孩子都一樣；只是差別在於對出生至今只有五年的小布來說，這堂挫折與療癒的課程來得意外，**她需要時間，而這正是周圍大人所可以給予的包容和諒解。**

孩子自我療癒的本能是天生的，正如成人對自我的療癒一樣，給一點時間，一點空間，多一點關懷與陪伴。讓孩子在遊戲中，轉化自己的情緒，學習調整節拍散落的心跳節奏，這正是孩子成長歷程中跨越大步的學習。

我想，小布正在這段歷程中。

而我跟她的家人所能做的，除了給其他孩子機會學習外，也只能給小布更多的時間和空間，讓她自己找回心跳的節奏。

媽媽的智慧與好方法

第五天，小布來上學了。

小布的媽媽說，她盡力的在家有意無意的說學校好玩的事給小布聽，故意引誘小布喜歡上學的另一個心理，忽略掉小布介意不來上學的理由，這樣的方式果然奏效。

小布受不了媽媽的誘惑，到了第四天，小布決定自己已經可以復學了。

她已經準備好，也已經調適好。小布真的是一顆甜蜜的糖果。

小布復課上學的那天，孩子們開心的說，你終於回來了。

小布有著「噢，原來我挺受歡迎」的驚喜感受，一臉的驕傲與開心。

她不再說她不上學，相反的，她滿臉笑容，每天都開開心心的來學校。

我想她開始知道，上學會是一場探險。除了有趣之外，還有許多她想不到的冒險，這些冒險也可以將之變成一件有樂趣的事。

小布的逃學事件，讓我了解身為一位媽媽該有的智慧。在跟小布媽媽溝通、了解的過程中，我明白到媽媽的用心，以及對孩子無盡的包容與寬宏。

小布的媽媽是一個用心的媽媽，我在心裡為她喝采了許多次，也為小布有著這樣的好媽媽感到高興。

而我自己也學習到身為一名師長，**在面對孩子情緒的波動時，怎樣和家長相互配合，怎樣用更體貼的心情體諒孩子與家長。**當然我也更明白孩子發生的每一件事情，都有其背後的緣由與意義存在。

該當包容時就給孩子該有的包容；該當傾聽時就降低姿態傾聽孩子的心意；有時不需話多，孩子自有其領會受傷的歷程；有時不需多言，孩子自有其療癒傷害的能力。

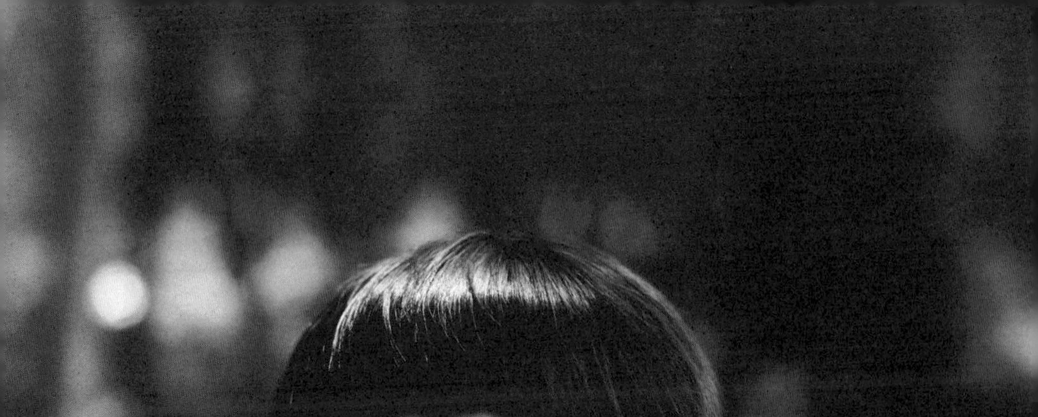

卷二

用心對待孩子的感受

我感覺到他開始偷偷抓捏我的手臂。
他的眼睛偷偷的瞄著我，手也偷偷的動作著。
我不動聲色，我等著他停止，他也等著我回應。

他的感覺說不出

很明顯的，他無法說出他的情緒與感受。不是因為他不會說話，而是因為他不知道該怎麼開口表達。

開學至今，我看著他的成長，我是滿心喜悅的。尤其在今天，我知道，有一些東西在他心中悄悄的萌芽，而這些東西正是我想要他明白的。

我想要他學會說出感受，說出需求。

乍看之下，他的確不是個起眼的孩子。很容易被忽略，但他卻是個感受相當敏銳的孩子。

驚天動地的角力

開學第二週，到遊樂場遊玩時，不記得是什麼原因，我請他先到旁邊休息，等一下再回去遊樂場遊戲，想不到他竟開始尖聲大叫，瘋狂的大哭大鬧，甚至猛烈抓咬自己的手腳。

小小的腳上，開始出現細小血痕。在他還未出現更大傷痕前，我抓住他的手，不讓他繼續傷害自己。

被老師抓住的小小的手，掙扎著，卻無法被放手，我要他坐在我的身邊。哭著鬧著的孩子，逐漸小聲啜泣，但是想捏抓身體的動作卻未曾鬆歇。

我留意著，緊緊握住他的手。只要他一有動作，我就可以反應、制止。

許久，待他不再掙扎，我鬆懈握他的手。他感覺到放鬆，卻又不確定的緊握。

幾次後，我感覺到他開始偷偷抓捏我的手臂。他的眼睛偷偷的瞄著我，手也偷偷的動作著。

我不動聲色，我等著他停止，他也等著我回應。

我告訴他，很認真而且很嚴肅：「如果你要捏我，可以！可是如果害我流血，我想爸爸媽媽一定也會不喜歡。」

他猶疑著，但還是忍不住想試探著。

我知道他依然偷偷的抓捏著我的手臂。我持續的重複說著同樣的話，一再的告訴他，但是我仍不願制止他。**我想讓他自己學會控制自己的力道。**

幾次的提醒後，他感受到我的堅持。

他的試探無效，他的手力漸漸變小，最後他鬆手了。

這是第一次，我跟他的角力。

其實開學第一天，他的母親已經事先告訴我，這孩子情緒不好時，會有自我傷害的情形。乍聽這樣的訊息，我其實就開始擔心了。

擔心孩子的狀況總是無可預料，料想什麼場景會刺激到這孩子的情緒，預設著什麼樣的言語可能會讓孩子感受強烈，因此這樣的場景演練，其實在我心中已被模擬過多次。

雖然最後平和的收場，是要付出自己手臂血痕的代價，但是看到孩子的信服，我還是深感欣慰。

我知道未來，他會更明白的了解，我就是他的老師。我們的關係會更緊密。

他的大躍進

今天他的湯匙不見了。

大家嚷著，他的湯匙不見了。他眼神閃爍著，表情憂慮著。

他碎碎念著，我的湯匙不見了！

我問他，湯匙去哪裡了。

他沒有回答我，卻坐在椅子上，手足無措，不斷的念著，我的湯匙不見了，我的湯匙不見了。

我幫他檢查了餐袋，沒有湯匙的影子。

我說，老師拿一支湯匙借你，好嗎？

他沒回答，他轉頭的肢體動作告訴我，他不要。

我說，那你用弟弟的。弟弟用老師的，好嗎？

他依然沒回答，他轉身彎腰看著他的抽屜。

他的肢體動作回答我了，他不要。

他沒有生氣，他也表現得很沉著，但是我知道他期待我可以幫他找到他的湯匙，因為他一直對著我說，他的湯匙不見了。

他的眼神其實是擔心而焦慮的。

一旁的孩子開始幫忙找尋湯匙，經過一陣兵荒馬亂的搜尋，終於，找到他的湯匙了。

他擔憂的臉開朗了。接過湯匙的表情，就好像找到許久未見的老朋友般喜悅。

我要他跟找到湯匙的孩子說謝謝，他沒有拒絕，他走過去答謝。

我要他跟老師說謝謝，他也沒有拒絕。他走過來跟我說謝謝。

我看見他開心的使用他的湯匙吃飯，表情是心滿意足的。

他雖然還是沒有明確的使用言語說出他的需求，但是我知道他已經進步了。

至少他不使用發脾氣的方法，至少他知道說出「我的湯匙不見了」七個字。

他說出了這七個字，所以我今天的心情是開心喜悅的，因為他的進步與成長。

我想他已經開始知道如何表達出他的需求與感覺了。

【後記】

後來我再仔細回想檢討這件小插曲，我想，我應該要請他媽媽再為他備份一支湯匙，以免未來如果湯匙又不見了，固執的他，可能會有「我一定要我的湯匙」的堅持而不吃飯，若真是如此，那可就要大傷腦筋了呢！

孩子減輕了負擔，卻學不會對自己的書包負責。
書本忘了帶，「喔！媽媽忘了幫我放進書包。」
水壺忘了帶，「喔！爸爸忘了幫我裝水，沒有放進書包裡。」

不帶書包上學校

他們不帶書包，只帶餐袋與水壺。

很久以前，我常會這樣想，為什麼那麼小的孩子需要背那麼大的書包呢？書包裡是要裝什麼呢？尤其是學齡前的孩子，他們的書包裡應該裝什麼呢？

裝水壺、裝餐袋、裝面紙、裝文具用品……？

可是面紙、文具，學校大都已經提供了，而水壺跟餐袋，應該也可以不用另外用個大書包裝吧！直接拿在手上、背在身上不就可以了嗎？

於是，他們不帶書包，他們帶水壺，補充一天活動需要的水分；他們帶餐袋，飲食時，可以自己盛舀食物，補充營養。

他們自己拿，自己背，對自己的物品負責。

他們輕鬆的上學，開朗的跟家長說再見。

他們笑咪咪，開開心心的，跟老師打招呼，跟爸媽說拜拜。

他們帶著一顆快樂的心來上學。

原來，上學是可以這樣輕鬆愉快的。

從小事開始，學習負責

剛踏入私立幼兒園工作的那幾年，見到不論是大班，還是小班的孩子，他們都是背著書包上學去。

大大的書包，沉沉的壓在小小的身軀上。

陪同的大人總是忍不住要幫孩子提著沉沉的書包。

孩子減輕了負擔，卻學不會對自己的書包負責。

書本忘了帶，「喔！媽媽忘了幫我放進書包。」

餐袋忘了帶，「喔！阿嬤忘了幫我洗好放進去。」

水壺忘了帶，「喔！爸爸忘了幫我裝水，沒有放進書包裡。」
替換衣服忘了帶，「喔！阿公幫我拿髒衣服起來，沒有將乾淨的衣服放進書包裡。」
原來，這個大大的書包，並不是孩子的，其實是爸爸、媽媽、阿公和阿嬤的書包。

快樂童年，也要主動學習

這幾年，在工作職場，我試著實施不帶書包上學，只要孩子帶著餐袋和水壺來上學。當然也有家長沒辦法配合，依然讓孩子背著大書包來上學。基於尊重家長與孩子的想法，因此並不刻意強制。

但不管怎樣，我們還是希望藉由這樣的方式，表達我們期望給孩子一個快樂童年的意念。

事實上，孩子也的確不需要帶書包。

他們在學校的學習物資完全是由學校提供，文具、玩具和書本通通都放在學校裡，回家也不用做功課。如果真說要有功課，那也只有假日才會有的放假功課。

我發現自從孩子不用背書包上學後，他們的學習更認真，也更快樂！

他們開始會主動拿自己的餐袋和水壺。**大人不需要幫忙協助，孩子有了更多主動學習**

的機會。

為什麼孩子不自己拿東西？

他們卸下肩膀上的壓力，學習變成是主動而不受拘束的，也因此我很享受跟孩子相處的時光，那樣的自在學習才是真正的學習不是嗎？但是回首看到其他的孩子時，我還是會不自禁的想，孩子到底比較需要什麼？

當孩子學習壓力變大時，他們的書包也越來越大！

有時會聽到有人抱怨，孩子怎麼都不自己拿東西？

孩子不主動時，是否想過，是不是因為大人給得太多，而他們無法扛起，只好放下？是否想過，因為太重，大人忍不住幫忙，而養成孩子理所當然的想法呢？

學齡前的孩子應該是學習快樂的生活，學習怎麼去學習。

書包裡帶的應該是快樂，裝的應該是滿足，成全他們喜歡探索的欲望，成就他們歡喜學習的動力。

不帶書包上學，將這些快樂與滿足用心靈帶著，會不會比用大書包裝還要好呢？

我鼓勵父母準時接送孩子。
準時接送孩子，不僅能讓孩子情緒上更安心、更穩定，回家的時間，正是跟家人共處培養感情的好時光。

媽媽怎麼還不來？

四點十五分，學校的孩子幾乎要走光了。
我們陪著他，在校門口等待著。媽媽，怎麼還不來？
三十分鐘後，媽媽一直沒有來，電話怎麼打也打不通。君君老師跟我擔心極了。

不安感逐漸擴散

孩子其實很乖，他一直都是這樣的乖巧、活潑與多言。

他的調皮，不是讓人困擾的調皮，而是另一種天真的頑皮，是孩子的天性。在班級中，他的人緣還算不錯。

我開始撥打電話，重複又重複，電話依然未通。

我開始不安的碎念著，不會吧！不會就這樣把孩子丟著吧！我心裡非常擔心。碎碎念的同時，不安的感覺逐漸擴散。

他的母親總是對我抱怨低收入的困擾。我聽著，心裡拿捏著，她的話語真假參半，矛盾易見，但我們從不揭穿。

我知道，尊重人的偽裝堅強是很重要的。

但就是因為這樣，她的遲遲未到，不見蹤影，才讓我更加擔心。

我擔心他母親會不會在來接他的路程中發生危險？我擔心他母親會不會是發生意外？我擔心他母親會不會忘記她的孩子還在學校？我擔心他母親會不會蓄意將孩子留在學校？

一番折騰

孩子安靜的等待著。他沉默卻自得其樂的在一旁坐著看風景。我看著他怡然自得的態度，我臆測，他該不會常這樣孤單的度過吧！我猜想，不知孩子的心裡在想些什麼。

君君老師家比較遠，我請她先下班。學校裡人潮越來越少，而時間也一分一秒的過去，時針定定的指著五點。

我陪著孩子在校園裡遊走。其實是可以讓孩子看電視的，但是我不認為這是好方法，因此堅持的陪著他一下坐在校園裡的椅子上，一下起身散步。

眼看天就要黑了，學校也預備要關門了，我決定再找電話號碼，聯繫他的外婆。

經過一番折騰，終於聯繫到外婆了，時間是五點二十分。

等待外婆來接的時間裡，媽媽的電話依然未通。我們在校園裡繞了一圈又一圈、一圈又一圈，直到天色昏暗，燈光亮起，外婆才姍姍來到，時間指著六點三十分。

晚上，我再度撥打電話給孩子的母親，確認媽媽已接到孩子。

確認孩子平安後，一顆懸著的心才真正輕鬆放下。

時鐘指著，七點三十分。

【後記】

身為第一線的教育人員，雖然可以體諒家長無法準時接送幼兒的不得已，但是有時還是不免這樣的期盼，希望家長也能考慮到作為老師也有家庭的心情。

當家長無法準時接孩子，卻又不主動聯繫老師時，他們會知道老師的心情是絕對無法安心的做其他工作嗎？他們知道老師的家庭責任其實不亞於一般家庭，身分不僅是老師，還是母親、媳婦、妻子與女兒嗎？他們知道，那落單的孩子等待父母的心情，其實跟是老師一樣掛意著擔心與焦慮嗎？

拉長托育時間，卻縮短親子時光

曾在私立幼兒園待過的我，對於家長接送孩子的問題，有著深刻的感受。

現代父母為了家計，必須早出晚歸。如果是非公務人員，上班時間更是無法掌握，因此總會希望托育園能提供更多的時間，讓家長可以安心地將孩子託付照顧。

二〇一二年開始正式的實施幼托整合政策，許多新的托育措施即將開跑，其中讓我很注意的是，孩子被托育的時間拉長了，理由是因為配合家長工作的需求。

表面上，是政府體貼民眾的政策，但事實上，另一個意涵是父母與孩子共處的時間更被壓縮，因為孩子有地方被托育，因此父母可以不用急著接孩子回家，甚至**家庭裡的共餐、共讀、共同作業的功能，也將逐漸的萎縮。**

這其實很讓人憂心。

我一直都記得那些七點多就到園所的孩子的臉龐。惺忪矇矓的雙眼，因為沒有睡飽而情緒不佳。

有些年齡最小的才三歲，來上學時，甚至還在沉睡，直接就被抱進教室裡來。而放學時，有些孩子必須待在園所至晚上六、七點，才能見到爸爸媽媽來接。

這些忙碌的爸爸媽媽大都以工作為重，因為孩子會吵鬧，讓自己的工作無法如期完成，因此只好將孩子託付他人，也無法花時間自己帶孩子。

仔細算算，孩子在校的時間將近十二小時，而父母每天實際與孩子共處的時間卻不到五小時。

準時接送孩子的重要性

每次見到最後回家的孩子，孤獨的身影在校園裡等待時，我總感到不忍。

其實忙碌的父母也可以找尋可協助的資源，來幫忙一起照護孩子，除了安親班以外，祖父母與長輩都是很好的資源，如果沒有，鄰居、朋友也都是可以相互幫助的。但若再細細推想，也可發現到，這樣的現象表達了現代社會人情疏離的情形。

擔任公立幼兒園教師後，我鼓勵父母準時接送孩子，期待一起給孩子有秩序的生活作息，給孩子建立安定感。所幸這些可愛的家長，大多數都願意配合，一起用心的照顧孩子，這點我是非常感謝與感動的。

準時接送孩子，不僅能讓孩子情緒上更安心、更穩定，回家的時間，正是跟家人共處培養感情的好時光，可以跟家人一起說話散步，做些功課、繪畫。

我覺得這是很難得的黃昏時分，尤其孩子成長迅速，這樣的時光短暫，為何不好好把握呢？

因此將心比心，如果我們也是孩子，相信我們一定也很期待自己的父母能準時接我們回家。

哪怕只有一點點的時間也好，早個十分鐘或五分鐘，準時帶孩子上學，準時接孩子回家，給孩子安定的感受。我相信對孩子來說，這樣的美好時光將會永遠留存在他們的記憶裡。

對於這樣的孩子，
我希望讓他知道，
自己不差，努力才是往前學習的好方法。

領獎

我看著他黑黑的身影走上台，小小的身軀夾雜在國小哥哥姊姊的隊伍裡，看來格外醒目。等到台上老師將她帶到他的位置，當獎品送到他手上時，她原本懵懂的眼神突然亮起，似乎這時她才明白這叫做領獎。

我想她應該是這時才真正明白，這叫領獎。

阿玲跟他弟弟阿偉是這學期來到班上的。初見時，瘦小黑黃的姊弟倆，讓人印象深刻，而身上烏黑的衣服，夾雜著一絲汗酸的味道，更是讓人難以忘懷。繳不出學費的父親說，如果沒辦法入學，他就乾脆不讓孩子來上學了。我說，別擔心，姊姊有政府的補助，弟弟我來幫你問問。我心裡其實暗暗想著，這樣極弱勢家庭的孩子，更應該要讓他們有機會入學。

經過學校的協助，玲和偉都順利的入學了。不說話的玲和偉，在班上安靜得讓人幾乎要忘記他們倆的存在。但是他們身上的味道總讓人很難忽略他們，因為孩子們會說，他們沒有洗澡。

我跟孩子們說，沒有洗澡是因為他們的爸爸太忙，有時忘記，我們不能因為這樣不喜歡他們。有時不是他們沒有洗澡，是因為忘記換衣服了，所以我們要幫忙他們，提醒他們。我們跟孩子強調著，老師並沒有笑他們，因為玲跟偉是我們班上的同學，所以你們也不能笑同學或不跟同學玩，因為這樣是不禮貌的。

孩子聽進去了，他們沒有排斥玲和偉。漸漸的，我發現到部分孩子開始接受玲和偉，會帶著他們倆一起進入遊戲裡。

爸爸的協助配合

但是我的心裡另有打算，決定給玲與偉的父親最後一次的反映。告訴他，孩子的衛生與乾淨，是保持良好人際關係與身體健康的重要因素。

那日下午，趁著孩子放學時，我跟孩子的父親說，要天天洗澡啊！不然衣服也要每天換。孩子健康，大人才會放心；如果因為孩子身上有味道而被別人笑，我們可是不許的。因為老師不准別人笑班上的孩子，不讓別人看不起孩子，所以爸爸也要協助配合才是，不然老師跟孩子的努力都沒有意義了。

玲與偉的爸爸笑開，他說，「好啦！」用著特有的地方腔調回應著。

第二天開始，我觀察留意到，玲跟偉身上的味道逐漸淡去，雖然不是完全的沒有味道，但是我感覺得出來，孩子開始有些轉變。

孩子的衣服雖然髒污依舊，但至少已經沒有那樣濃厚的汗酸味了。我暗暗開心著，為他們的父親願意配合的心意感動著。

老師的刻意安排

每天中午，偶爾我跟君君老師會將剩下的飯菜打包一袋，偷偷塞進姊弟倆的書包；聖誕節時，特別請聖誕老公公送兩個水壺給姊弟倆；上課時，故意安排姊弟倆分開與同學進行活動，給他們倆不同的人際交往機會。

姊弟倆，在生活自理能力上真的是一百分，因為沒有大人的管教與愛護，一切都要自己來，所以他們比一般孩子更加伶俐，但是也因為未曾學習過，所以他們的認知程度的確比同學們來得較緩。

不太開口的玲跟偉相較，玲在班上顯得活潑開朗，而偉則畏縮、小心翼翼。我不願刻意的將兩個孩子與同學們做比較，但是他們跟同學在學習上的差異，卻明顯得讓人不得不注意。

我們開始要求玲和偉要開口說話，有開口說話時可以給一個獎勵，沒有說話時不能給予獎勵，有需求、有表達時給予獎勵，若不開口，老師永遠不回應。

利用這樣半強迫半鼓勵的方式，經過一個多月，他們倆終於懂了，也終於知道要開口說話，雖然說話的音調有種奇怪的腔，而且緩慢遲疑，但是至少這是相互溝通的第一步。我跟君君老師是開心的。

出色的繪畫表現

偉在繪畫上的表現，有著讓人意外的驚喜。我發現到，他對色彩與繪圖的感受是敏銳的，構圖的大膽與創意，在班上算獨具一格。

剛好學校舉辦了健康議題的相關比賽。我跟孩子們說，如果畫得很棒，很認真畫的，幫你們送到學校參加比賽喔！學校其實對幼兒園的孩子非常體貼，我跟學校商量，留兩個優選名額給繪畫出色的孩子，行政老師也貼心的答應，大家互相配合著。**只要能給孩子表現的機會，我們都盡量給予。**

這次的議題是與腸病毒防治相關的繪畫，偉畫了一雙大大的手，在水龍頭底下洗手，一圈一圈的肥皂泡泡正奮力地將細菌趕走。將全班孩子的圖畫一起送到小學部參賽，並請學校評分。之所以讓孩子一起參與這項比賽，是因為我一向認為給孩子表現的機會是非常必要的。

偉得獎了，獎品是好大一包禮物。那天上午，偉上台領獎時，小小的身軀擠在大哥哥大姊姊群的中間，看起來好小，但是表情很驕傲。

那天下午放學時，他見到爸爸來，迫不及待的展示給工作歸來一身髒污的爸爸看，他的表情是非常得意的。

看著他上台領獎，從上台前惶恐不安的表情，到領到獎品時恍然大悟的神情，我好笑又好氣著，也心疼著，嘉許著。

我們所能給予的

對這樣弱勢的家庭與孩子，我們不是只有付出更多，更必須去體貼他們的心情，鼓勵他們，給他們必要的，給他們機會。讓孩子知道，自己不差，努力才是往前學習的好方法。

玲和偉的努力，我看見了；他們逐漸開朗的笑容與光輝，也讓我願意為此更加努力。

孩子，加油！

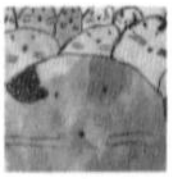

今年起，班上孩子開始穿著我設計的圍兜，
除了安全與清潔考量外，我還希望給孩子正確的價值觀，
希望他們別「以衣看人」。

設計班上的圍兜

為班上的孩子們設計了一款圍兜。

亮綠的顏色，滾著沉穩的深綠邊線，穿襯在孩子活潑潑的身影上，校園裡多了許多小青草，孩子們看來更亮麗了。

同事們看見，笑著說，這圍兜果然很小樹啊！

小樹是學校的特色，看著一群小樹在學校的教室和校園裡穿梭著，我既滿意又驕傲。小小的綠色身影，穿梭在校園裡時，總是格外搶眼。

四點考量

同事們問，為什麼會想到為孩子們做這樣的圍兜？我想了想，回答他們，第一是安全；第二是清潔。為什麼是安全與清潔呢？如果是因為清潔，防止衣物的髒污，那是可以理解的，但是安全又為何？

就安全來說，主因是因為我們是附幼。附設幼兒園的孩子比起國小部的其他孩子來說，的確是身影小太多了。大孩子遊戲玩球的衝勁力道其實是很大的，如果一不小心，很容易會衝撞到這些小小孩。

儘管我們會盡量避開與大孩子們遊戲的時間，但是混雜在一起遊戲的時間依然難免。為了避免意外發生，也為了提示這些大孩子們，讓孩子穿著標示清楚的圍兜，就成了一項清晰的指標。

再者，關於清潔的部分，穿著圍兜的確是能保持衣物的乾淨。但是孩子們愛玩的本性不變，衣服能保持多清潔呢？當然不全然可以達到這樣的目標。但是我有另一番不同的想法，讓孩子們統一穿著圍兜時，除了可以保持衣服整潔外，還可以讓孩子或繫或帶著手帕，在洗手之外，可以馬上拭淨手掌，確實保持乾淨。而手帕是必須每天清洗的，這要比讓孩子帶毛巾放在學校，並統一吊掛在衣架上衛生多了。

避免「以衣看人」

此外，還有另一項附加考量是，這幾年發現到班上的弱勢家庭越來越多，就穿衣打扮的角度來看，孩子們其實或多或少會有「以衣看人」的情形出現。為了盡量減少孩子們彼此間的差異，因此考慮到穿著圍兜的需求，希望藉此讓孩子不去介意彼此家庭差異的眼光與心情。

這些年在幼教現場，我可以發現到，穿圍兜是比較不被看重的。我記得很多年前，曾遇過一位主管級的朋友提及，她不能接受孩子穿圍兜或制服等制式的服裝，因為這樣很不開放。

制服無損學習創意

但是我是這樣想的，讓孩子們可以隨意穿著，擁有自己的自主想法與意見，是讓孩子練習與表達意見的好方法，這是很好的方式。但就另一角度來看，不穿圍兜是不是就代表真的比較民主，比較自主嗎？我認為這是值得思考的。

就好像當年我們爭議，穿制服與不穿制服，哪一樣比較好？需不需要髮禁？有髮禁的孩子比較沒有創造力？而沒有髮禁，創造力就會比較好的意思一樣，我想都是見仁見智的。

但無論如何，今年起，班上開始穿著圍兜，除了安全與清潔考量外，照顧弱勢家庭孩子的心意與建立明確品牌形象的目標，其實並不至於扼殺孩子的創意。

能不能給予孩子自由開放的學習空間，是取決於決策者與教學者的態度與理念，並非建立在穿著制服的一統性。即使孩子偶爾忘記穿著圍兜，也無損於孩子在校學習的意念。

外在的穿著可以限制，但是內心的成長卻是無限寬闊。

最後，圍兜除了拿來穿之外，還有什麼用法？

小太陽說，可以當披風，變超人！有的孩子說，可以反穿當背心。最可愛的是有小太陽說，變成一件奇怪的褲子！我問她，那是什麼東西啊？孩子忙不迭地脫下圍兜示範給我們看，我們全班都哈哈大笑！

你可以想出圍兜的其他用途嗎？

開學初的排隊練習，我們請潔幫忙牽著中班的弟妹。剛開始的潔，表現溫順用心，一度讓我感動。但是在一次無意間，我們發現到，潔會趁著老師沒注意時，用力的甩拉弟妹的手。

心牆

有著清秀臉龐及機靈外表的婷，很容易讓人誤解她是個可靠的大姐姐，尤其她的身形又高又大，讓人在不知不覺中，會將一些成人以為孩子應該要有的責任交付給她，而忘記她其實只有六歲。

開學初的排隊練習，我們請婷幫忙牽著中班的弟妹，剛開始的婷，表現溫順用心，一度讓我感動。這姐姐真是當得起。

但是在一次無意間，我們發現到，婷會趁著老師沒注意時，用力的甩拉弟妹的手，甚至表現出不想協助牽著弟妹的樣子，我們暗暗訝異著她的反應，雖沒有立即處理，但是已開始留意著，發現這孩子的表現與她所傳達給我們的表象，完全不一樣。

對於孩子相互間的牽手行為，我們很清楚知道在有老師的要求下，大部分的孩子都能夠聽從指示，但是有時我們也會尊重孩子個人的自由意願，原則上，只要孩子不願牽手的理由足夠，在可以接受的範圍內，老師們是不會過度強力干涉的。

但是婷在我們面前所表現出的訊息是，她非常樂意做這件事。只是意外的發現，讓我們知道原來婷的外在表現與她心裡的真實意願，並不一樣。

不讓大人發現的心事

這樣的發現，讓我被大大的衝擊著，我開始對這孩子有了更深入的觀察與留意。當孩子開始懂得隱藏情緒時，是不是就是在告訴我們「他的心裡有事」，而且他不願讓大人發現。如果孩子的心事不願讓大人發現，是不是表示孩子的心裡有著擔憂的陰影。**也許是擔心被責備，也許是被誤解的煩惱**。

主題課程時，我們利用枯葉做創作，婷很有創意的利用大大的枯葉做了個公主，不過有意思的是，她的公主沒有臉。

我們很有興味的問著：「公主的臉在哪裡？」婷想了想，機靈的小腦袋裡大概在思考著，應該怎麼回答。好一會兒，她小心的說：「公主的臉被遮住了，因為她在敷臉。」大大的枯葉，蓋在公主的臉上，看來真的是很像在敷臉啊！對於婷的機靈反應與口才，豐富又充滿想像的創意，我們真的是印象深刻。

與父母的教養有關

找了個時間跟婷的母親長談，在長時間的對話後，我們有了一個結論，婷的反應與她在家裡的生活經驗有很大的關係，也跟父母親的教養態度有很大的關聯。婷的父母與家人對婷的教養態度落差很大，嚴格要求時非常嚴格，但是寵溺時卻又會出現沒有原則的溺愛。

在婷的弟弟出生後，婷開始懂得隱藏情緒，也漸漸明白討好大人的重要性。

弟弟未出生前的婷，所有的一切都是她的，家裡的小公主非她莫屬，要什麼有什麼，家人的關愛任她予取予求，潔擁有的愛是滿溢的。但是弟弟出生後，家中多了一位小王子，被忽略的感受逐漸出現，婷的情緒開始反彈，甚至出現退化行為，不過這些反應並沒有獲得家人更多的關愛。

當孩子反彈行為的次數增加，孩子受到責備的次數也跟著增加。

對「姊姊」的要求

婷的家人認為，當一個姊姊，就應該要有姊姊的樣子，要有姊姊的態度。於是婷受到的挫折，讓年紀小小的她開始懂得隱藏情緒，知道怎麼與大人應對。

我猜測著，婷的心裡有一道牆，這道牆建築在預期大人可能會有的反彈與責罵上。年幼的婷懂得隱藏真實情緒，以保護自己在做錯事時不受太大的責罵。

親子間的衝突與誤解，並不會因為婷這樣的體悟防衛而改善，相反的，因為她是「姊姊」，也可能因為潔長得比較高大，所以相對的，大人對她的要求也會比較多。

但是孩子畢竟是孩子，對許多的要求畢竟還是無法完全如大人所願。

於是她努力著，也挫折著，大人忘記了她只是個孩子，而孩子也會因為外在的要求而忘記自己其實也只是個孩子。

我想著想著，心裡感到十分心疼難過。

在跟母親對話的言談間，婷的母親說，在婷五歲後，他們開始對她有要求，因為家人認為，孩子長大了，就要有一定的成長表現，也必須在此時學習責任感的建立。

給一段緩衝期

媽媽的觀念沒有錯，家人的觀念也沒有錯，但是仔細回想，當大人在跟孩子確定生活規則的隔天，立即要求孩子必須每天做到，沒有給予一段緩衝期，孩子其實是無法完全馬上進入遵守規範的狀態。尤其在這本來就是好玩好動的年紀，這樣的**「馬上要求」與「馬上要有結果」的心態，反而會讓預期的效果適得其反。**孩子的行為沒有改善太多，但是親子間的衝突卻不知不覺的增加了。

孩子們心裡所想的，與他們表現的行為有著很大的差異。原來，孩子們其實是會迎合大人的期待的，所以說出的與做出的會和實際有甚大的落差。這樣的發現讓我很擔心，天真孩子的過度體貼，反而讓自己的心情受到壓抑，讓大人在不知不覺中誤解了孩子的行為與訊息。

婷的事件也讓我警覺到，孩子在校的表現良好與否，跟家庭層面確實有著很大的關係，這也讓我自我警惕著，**當孩子出現現偏差行為與情緒問題時，父母的自我檢討是個重要的教養習慣。**

婷的母親在跟我們談過後，她表示，會在家裡試著調整與婷的相處模式，多看她的優點，放大她的優點，少看她的缺點，提醒多一點，責備少一點。

我們相互期許，並互相加油著。我相信這樣一位願意調整自己步伐的母親，絕對可以讓婷將心中那道防衛心牆撤掉，逐漸明白自己依然是被重視、被珍愛的。

父母的愛是理所當然的，父母有愛，當然孩子也會有愛，但是愛的表達卻是十分要緊的，當愛的表達順暢無阻時，愛就如江水般讓孩子感受滿滿，心情穩定；但是當愛的表達是被誤解、被誤會時，便有了阻礙的愛，這將會成為彼此傷害的一把利刃。

當發現有愛有礙時，請記得要有愛無礙，如此才能創造親子雙贏。

小玉媽媽配合的程度讓老師非常感動。她跟家人不僅開始調整作息，讓小涒提早入睡，她也跟老師溝通她處理小玉哭泣時的方式。

最特別的功課

我決定給小玉一份特別的功課，有別於小太陽班以往每週一次的貼字與閱讀型態的功課。這一次的功課，我要求小玉每天執行。

午後，放學時分，我跟小玉說，「今天老師要給你一份特別的功課喔！」

從沒聽過的功課

天真的小臉蛋兒仰起，閃耀的眼眸裡透著小小的疑問，這是個可愛又活潑的小女孩。

「今天的功課就是晚上八點鐘睡覺。」我用認真嚴肅的表情說著。

小玉的笑容漾開，她覺得這個功課好好笑喔！一旁的小太陽們聽了也大笑，忙不迭地起鬨，「老師，這個功課太好笑了吧！我們從來沒聽過耶。」

「是啊，就是沒聽過，所以才叫特別的功課啊。」我好整以暇，面不改色的回答著這群孩子。

彎著腰，我正色的跟小玉說，「這份功課很重要喔，你一定要記得，八點一定要上床睡覺。」小玉笑著，她點了點頭。

小太陽班平時是沒有功課的，只有週末才會有功課，今天老師例外的出了這份功課，其實是有原因的。

開學以來，老師們留意到，小玉出現哭泣行為的次數頻繁到令人訝異。

觀察的結果是，當小玉出現哭泣行為時，大都是因為沒睡好、沒吃飽或者生病不舒服所引起，其實問題很單純，也很容易解決，因為只要能夠解決小玉的問題，她的哭泣就會終止。

但是偏偏小玉的情緒起伏在哭泣時，總是特別明顯，不僅是嚎啕大哭，並且也非常持久。哭泣在孩子解決問題的行為中是很常見的，只是小玉的哭泣已經間接影響到其他孩子的情緒，連帶也影響到她自己在團體中的學習。

不可忽視的五個影響

孩子哭泣就某種程度來說，是一種情緒的宣洩，也是一種生理正常的抒發，但是如果過度，可能會出現什麼情形呢？我們的觀察是，孩子過度哭泣的影響大約有：

一、影響孩子的氣管與呼吸，過度哭泣對身體其實還是會有部分的影響，尤其容易損及呼吸器官，孩子換氣過度時，也會容易發生呼吸不順的情形。

二、影響孩子學習上的注意力，無法很專注的在學習活動，容易有分心的情況。

三、影響孩子解決問題的能力，遇到問題時，容易變成以「哭泣」作為解決問題的手段。

四、影響孩子在團體中的人際關係，因為過度哭泣的行為，也容易被同儕貼上標籤，在團體中影響自己與其他孩子的互動。

五、容易自信不足，因為擔心、害怕或者因為需求未被滿足，孩子在藉由這樣的行為表達時，容易被誤解而受挫，因為受挫而容易自信不足，這是我們需要留意的。

跟小玉媽媽聊過幾次，小玉媽媽配合的程度讓老師非常感動。她跟家人不僅確實的開始調整作息，讓小玉在晚上提早入睡外，她也跟老師溝通許多她本身處理小玉哭泣時的方式，讓老師在處理小玉的哭泣行為時，有更明確的方向來做調整與因應。

漸漸的，小玉進步了，而且她的笑容也開朗許多。

給功課的第二天，小玉開心的跟老師說，「老師，我昨天晚上八點就睡覺了喔！」

「真的喔，你好棒啊！有把功課做好耶！」

「對啊，而且我早上六點半才起床，我有睡飽了喔。」

「哇，你睡了十個小時半，可以當睡美人了。」忍不住要逗逗孩子。

「睡美人嗎？那是什麼？」小玉疑惑的反問。

我忍不住大笑。

重視孩子哭泣傳達的訊息

這份功課現在依然請小玉和小玉媽媽持續執行著，我想直到她年紀較長，睡眠時間開始改變時，這份功課就可以逐步調整時間，屆時老師就不會再出這份功課了。

其實這應該不只是小玉的功課，對我來說，也是一份與孩子一起成長的功課。我在這樣的課業中，也在調整自己跟我的一對雙胞胎兒女的腳步。

我會更加留意調整好自己的作息時間，面對孩子的哭泣問題時，我也會特別提醒自己，注意孩子哭泣時所傳達的訊息。

在這樣的事件後，我明白到，無論孩子是因為意外而哭泣，或是習慣性的哭泣，都要敏銳的注意到背後所隱藏的意義，而這正是我需要領悟的。

歌唱完畢，他急著想要吹熄蠟燭。我說，你要先許願啊！
他想了一下，突然大大的行了一鞠躬。他彎著腰，大聲的說，「謝謝大家！」
別過頭，我眼眶止不住的熱。

生日

昨天是天使的生日，他的媽媽特別為他準備了生日蛋糕，他開心得不得了。

我問他，你生日喔？

揚起頭的他說，今天我生日，有一個巧克力的HELLO KITTY蛋糕，是我選的。

滿溢著笑容的臉蛋，讓我深刻的感受到，他今天真的好開心。

是啊！七歲生日耶！很不容易的日子呢！

調皮的小天使

我想起天使剛來的生活點滴。

每天不超過三句的師生對話，我們對他說的，總是比他對老師說的還多；他跟同學的互動也很安靜，同學問，他從不回答，答非所問是最常見的；但是他有創意的繪畫與美勞作品，卻總是贏得同學與師長的讚賞。

剛開始，他總會抓著我的衣角，在我身上摩蹭。

他心裡的不安，在生活中的小動作中，不經意的被我們觀察到。我們明白，但是我們不點破。

我相信，**時間會給他最好的安定劑**。

漸漸的，不知何時起，他減少了不安的動作，開始在教室裡到處走動。

他探索著，觀察著。教室裡的點點滴滴，在他看來都是新鮮有趣的。

他留意到，老師的表情、動作會隨著小朋友的狀況改變，而小朋友的行為、作息也隨著老師的指示變化，於是，有陣子，他開始模仿起我們的動作和語氣。

孩子們調皮，將垃圾亂丟，沒丟到垃圾桶裡。老師喊著，是哪個調皮蛋？不能把垃圾丟到地上。

他學著，還變本加厲的扠著腰，是哪個調皮蛋？不能把垃圾丟到地上。

孩子們在走道上嬉鬧奔跑。老師沉著臉，說了好多次不能在走廊奔跑，怎麼都不聽話？

他也學著，還比老師更大聲的說，通通都不乖！

說完，他一副開心得意的樣子，還跟老師炫耀，我也有跟這些調皮蛋說喔！

我們好氣又好笑，不知該稱讚他，還是責備他。

這位調皮的小天使啊！其實你是來提醒老師的吧！提醒老師不要忘記孩子的天真笑容，提醒老師不要忘記給孩子無限的天空。

眼眶止不住的熱

唱《生日快樂歌》時，他堅持要把蠟燭點起來，於是老師翻箱倒櫃的找出了教室唯一的打火機，孩子們還很熱心的自動前去關掉風扇，關掉電燈。

孩子跟天使說，這樣才有氣氛！

將七歲的蠟燭點著，教室的孩子們一陣開心的歡呼。

《生日快樂歌》在歡喜中流動著。他圓圓的臉蛋上，露出害羞又開心的表情。

歌唱完畢，他急著想要吹熄蠟燭，卻被我們制止。

我說，不行，你要先許願啊！

他想了一下，突然大大的行了一鞠躬。他彎著腰，大聲的說，「謝謝大家！」

突如其來的舉動讓我愣了一下，沒料到他會這樣，但是孩子們自動給了他熱烈的掌聲。

我訥訥地說不出話來，別過頭，我眼眶止不住的熱。

孩子們和他真誠的模樣，讓我感動得一時說不出話來。

明確表達需求

是啊，是該謝謝大家。

前陣子，他開始會跟同學吵架，開始懂得告狀。社交技巧突然進步，讓我們驚喜連連。

懂得爭執，就表示他稍稍知道要明確表達自己的需求，我跟他的家人都深感欣慰與歡喜。

別人家的孩子是吵架太多，令人傷腦筋。而這樣的孩子是不懂得爭執，讓人擔憂。因為學習人際關係的第一步，就是要知道適切表達自己的意見。當自我意見被漠視時，被人誤解的機會也就增加了。

一度，我們擔心他會被欺負而不自知，也擔心他因被誤解而被漠視，但是現在看來，我們知道，這樣的擔心可能是多餘的了。

在課堂上，他的言語增加了。自言自語的情況減少，與人互動的對話增多，能主動跟孩子們說話，甚至課堂對話頻繁到偶爾需要老師制止。

切蛋糕時，他跟我說，蛋糕上要有草莓，還要有巧克力棒！

他期待著，於是我切給他。當然要切給他，今天他可是小壽星呢！

我跟他說，回家你要好好謝謝媽媽和爸爸。沒有媽媽辛苦的照顧，怎麼會有你呢？沒有你媽媽用心的付出，怎麼會有你今天的成長進步？

他點了點頭，似懂非懂的，但是我想他是明白的。

媽媽一路走來的煎熬

曾經有一天，他的母親跟我們說，要我們幫忙留意他的手指，因為前一晚去做感統練習時，手指尖全部都破皮受傷。

媽媽說明的語氣很鎮定，但是內心的心疼與不忍，卻不經意的流露。

媽媽的即使不忍心，還是得硬起心腸要求孩子；即使內心是心疼淌血，還是得打起精神陪伴孩子；只因為那是自己的孩子，有著身上的血肉，骨肉相連就是這樣的深刻難以切割。

當天使大聲說著謝謝大家時，我的感動不只是因為他謝謝大家，而是想著他更應該要謝謝媽媽一路走來，始終如一的母親心情。

放學回家時，緊緊牽著媽媽的手的他，開心地跟我們說，我晚上還要再吃一個蛋糕！他笑著的臉上，有著幸福與快樂的滿足，那是真正天使的笑容。

七歲的生日快樂。孩子，要繼續努力成長喔！

每天我都跟小瑜在午餐上奮戰至少一小時。
於是我對小瑜說：「我們來玩一個獎勵的遊戲，
如果每天都可以吃一點點青菜，而且都不嘔吐，老師就給你一份獎勵。」

不吃

「匡啷！」白鐵飯碗撞擊在地板的聲響，清脆得讓人心驚。無視地上的飯菜四濺，她尖叫，「我不要吃！」手上的湯匙跟著甩出，地上飯粒四濺，深色木地板一片油膩。桌旁十幾個孩子看傻了，那是這學期剛來的小瑜。

我神色冷靜將地上的飯菜集中撥到畚箕裡。「今天中午媽媽不會來，你只能吃學校的飯菜。」我說。

小瑜豆大的眼淚奔流而下，悽楚可憐的模樣讓人看了好心疼。

大眼嬌小的她，如果不是我已跟她交手數回，我不會了解到若隨意與她妥協，這極聰明的孩子馬上會得寸進尺。

「我不吃，飯菜有毒。」眼看眼淚攻勢效果不彰，她收起了眼淚。

「哪有？」我沉著氣，手上繼續俐落的收拾。「這些飯菜很有營養，沒有毒。」

「我不要，我不要吃飯。」

聽出我聲音裡的堅定。她改變態度，一改剛剛氣勢凌人的小公主模樣。

這是個非常聰明伶俐的孩子。

我不再回她話，轉身收拾殘局。

我將小瑜的碗洗淨，重新為她再盛裝一次飯菜。

「我想你還是要吃，不然我可以給你少一點。你先試試。」邊說邊將盛好的飯菜放在她面前。

拉過小椅子，我順勢就坐在她眼前。

「我陪你吃。」好整以暇的我，也端起自己的飯碗。

看見我的堅定，再看見其他孩子已紛紛吃完自己的午餐。小瑜精明的再瞄了我一眼，確定我很堅持，便順服的拉開椅子。

她坐下後，開始一小口一小口的將碗裡那分量少得可憐的飯菜塞進口裡。

要媽媽一起上學的女孩

一個月前的近午，小瑜媽媽噗噗噗的騎著小綿羊來到園所大門，下了車，一手提著餐袋，一手牽著她，背上還背著弟弟，緩步踏進園所。

當時我班上已有二十個中班的孩子，正處於學期初的不穩定期。她的突然加入，讓正處於適應狀態的班級颳起了一陣超級旋風。

她的媽媽每天背著小弟弟跟著我們一起上學。

我擔心媽媽會太累，請媽媽先回去，但是媽媽對老師的建議卻笑笑地拒絕了，原因是小瑜不准媽媽回家。媽媽必須陪著一同上學，如果媽媽沒做到，小瑜就會大吵大鬧，直到媽媽妥協。

她來到學校第一天的午餐是麥當勞，媽媽特地跑去買來給她。因為媽媽跟她約好，有來上學就可以吃麥當勞。

第二天的午餐依然是麥當勞，但是我卻看見小瑜噘著嘴，惡狠狠的對著媽媽說，不給我麥當勞，我就不上學。

第三天小瑜依然要求麥當勞。

這一次媽媽不輕易說好了，她好聲好氣的勸著，「吃學校的飯菜啦！」媽媽說。

「我不要。」小瑜說。

「你看，很好吃啊，不然媽媽陪你吃。」媽媽作勢拿起小瑜的碗。

「那個菜有毒，我才不吃呢。」小瑜固執的堅持著。

媽媽尷尬的偷偷看我。

我笑了笑，沒說話。

「不然你餵我。」小瑜歪著頭想了一下說。

也許是擔心小瑜吵鬧吧！無奈的媽媽開始一口一口的餵起小瑜。

我問小瑜媽媽，為什麼這麼聽小瑜的話。媽媽也可以表達意見啊！

「不是說要愛的教育嗎！而且如果不順她的意，她會大哭大鬧，我更麻煩、更累！」

口氣裡的無可奈何，讓我印象深刻。

我猜測她不僅要陪同小瑜上課，還要照顧懷裡的小弟弟，也許還有來自家庭的壓力。

雖然跟她提過數次，請她先回家休息，但她依然很堅持要陪同，媽媽的毅力與耐心令我深深佩服。

就這樣持續了快兩週，我發現小瑜媽媽開始疲累了。

這一天，小瑜媽媽上演了一齣「逃脫記」。

將小瑜送來學校後的她轉身很快就走，動作迅速到連守門的老師都來不及問。

接過大哭大鬧的小瑜，我心裡想，發生什麼事了。但根本來不及思考，因為大鬧著的小瑜，揮手踢腳的，我幾乎是使盡全身的力氣，才能將她抱住。

那狂吼呼叫的模樣，如果是不知情的人，還以為發生什麼驚天動地的大事。

被寵壞的小公主

我既心驚又擔心，小瑜大哭大鬧的在地板撒賴。班上的孩子只得暫時請隔壁班老師代為照顧。

請行政老師打電話去給小瑜的媽，問清楚到底發生了什麼事。

我跟小瑜在教室裡，小瑜一陣拳打腳踢。

狂風暴雨後，累癱的小瑜坐在地上。我坐在她對面。

「她媽媽說，」行政老師探頭進來，「今天起她沒辦法陪小瑜了。」

「喔……」我應答著，心裡了然於胸。

「小瑜，」行政老師看看我，又看看小瑜，「你今天要在學校喔！媽媽說你有乖的話，放學時帶你去公園騎車。」

倔強任性的小瑜，噘著嘴一句話也不說。

過了一會兒，她抬起頭說，「我好了。」

所有的事情像是都沒有發生過。剛剛的大呼小叫，還有小瑜踢到我腳踝的疼痛，通通都不是真的。

我眨眨眼，好像看了一齣連續劇。

就這樣，小瑜正式開始上學的日子。重點是，她不再需要媽媽陪同。

我發現小瑜不僅對媽媽頤指氣使已經習以為常，她甚至會對其他孩子炫耀起自己的「任性成果」。比如她擁有的玩具有多少，她家裡的人都要聽她的話……諸如此類。得意洋洋的樣子，就像一個被寵壞的小公主。

午餐奮戰一小時

「你為什麼不吃麥當勞？」小瑜這樣問其他孩子。

有趣的是，被問的孩子不是愣愣的看著她，就是不搭理小瑜，有的還會反擊，「我們都吃過了啊！」這讓小瑜感到自討沒趣。時間久了，也就不再發問了。

隨著小瑜上學的時間越長，她任性的大小姐脾氣似乎也跟著有些改善。

從媽媽不再陪她上學那天的大吼大叫後，好像突然覺悟似的。

隔天起，她不再吼叫，上學的情形反而開始好轉，極大的轉變，讓我一時難以置信。

我猜是因為沒有依賴的對象，加上同儕的影響，以及不服輸的個性，讓她在學校裡開始慢慢調整自己，雖然任性依舊。

但反過來想，**要將長久以來的習慣改掉，對大人都不容易了，何況是孩子。**

小瑜本來就是個極聰明的孩子，學習力和領悟力超強。雖然才中班，但她的聰敏讓我嘖嘖稱讚。

「是我帶過最聰明的孩子之一。」我這樣跟小瑜的媽媽說。

雖然小瑜是這樣聰明，但是**聰明的孩子更要用心對待**，每天我總要花上很多時間思考如何跟她交手。

愛當大姊頭掌管別人的她，總會雞婆的想主導其他孩子的行為，當然也會耍耍容易被老師識破的小心機，比如打小報告、挑食啊……孩子不願順她的意時，她就來報告孩子的行為不乖，還不忘加油添醋一番；也會趁著老師不注意，將飯菜偷偷丟到地板，或者倒進垃圾桶。

其實小瑜最讓我傷腦筋的是她的吃飯問題，也許是因為從小養成的飲食習慣，在家外食居多，讓小瑜也有挑食的毛病。

對她來說，飯菜好像不是有毒，就是不能吃。在她眼裡，大概只有麥當勞或零食才叫食物，我這樣懷疑著。

每天我都要跟她在午餐上奮戰至少一小時。

必備的三條抹布

最最讓人訝異的是，小瑜在午餐時會上演嘔吐記，直接唏哩嘩啦的將剛吃下肚的食物吐出來。

我手忙腳亂，搬桌搬椅，指揮孩子到另一桌吃飯，拿畚箕、垃圾桶……趕緊清理小瑜吐出的穢物。

有過幾次的經驗後，我發現只要中午菜色裡有她不想吃的「綠色青菜」，那天中午她一定會出現「嘔吐」的行為。

於是當我知道當天中午菜色裡有炒青菜時，我就預先準備好三條抹布放在桌邊，然後將垃圾桶移來桌下。

果然只要吃飯時間一到，小瑜一看到碗裡的綠色，就像自動開關一樣，馬上將吃入口的食物「嘩」的一聲吐出來。

加上她總是要直接吐在桌面上，不肯吐在垃圾桶，我事先準備好的抹布就派上用場了。一條抹布直接將穢物掃入早就準備好的垃圾桶，另一條抹布馬上擦拭桌面，最後一條抹布則再度將桌面完全擦拭乾淨。

三條抹布，一次搞定。

我最感心疼、好氣又好笑的是坐在小瑜四周的孩子，也被小瑜訓練得氣定神閒。他們會鎮定的捧著碗，直接坐到桌子的另一頭吃飯，還不忘提醒我，「老師，小瑜又吐了。」

「是啊，我知道。」我苦笑著回答。

吐完的小瑜會將垃圾桶搬到教室一角，將自己的碗拿到外面清洗乾淨，再去廚房請廚房媽媽再盛一碗飯。

擔心小瑜的胃會因養成習慣而受到傷害，我建議小瑜的家人帶小瑜去看醫生，檢查一下孩子的胃腸。

小瑜的媽媽帶她去看醫生後，得到的答案是，「這孩子很好。別擔心。」

於是，**我明白這孩子的飲食問題不在於生理，而在於心理。**

面對固執又不容易溝通的小瑜，我的擔心裡帶著些無力。

小瑜年紀小，主觀意識還很強，不容易理解道理，告訴她嘔吐會傷胃，只是消極的做法。如果能找出小瑜挑食的原因，也許會是比較積極的做法。

既然在校無法立即改善小瑜吃飯挑食和嘔吐的習慣，那麼家庭的配合就變得非常必要。如果家庭無法配合，就算學校老師多麼努力，也依然徒勞無功。

孩子的問題來自家庭

我約了媽媽來學校長談一番，但令人遺憾的是，媽媽認為嘔吐是孩子在校的問題，學校要想辦法解決，跟家長的管教方式無關。

在家嘔吐是家庭的事，他們自己會處理。

「我沒辦法，不然為什麼送她來學校？」她雙手一攤，一副你奈我何的表情。

「你們是專門教小孩的，一定比我們有辦法。我們不是專門教小孩的，我沒有辦法。」

「可你是孩子的媽媽，我們只是希望可以互相配合，改善小瑜的飲食狀況……」

「她不想吃的就不要給她吃，反正小孩也餓不死。」媽媽語出驚人，我暗暗吃驚。

「在家不想吃，可以要她吃一點點，真的很不想吃，可以鼓勵她用說的，不要讓她用吐的或用哭的，這樣的習慣很傷胃……」

「那你們要想辦法啊！」她搖搖頭，好像這問題和她無關似的。

我感覺心痛又遺憾。

看來**小瑜的問題，不是只有孩子本身，還牽扯到家人。**

玩獎勵的遊戲

家人的態度是只要孩子不吵不鬧，要什麼都可以。不吃也無妨，要吃什麼都行，沒有任何的限制與約定，這是我的觀察與發現。

因此我決定從調整小瑜開始，雖然知道這很不容易，但還是必須這樣做。

在觀察她一陣子，並跟其他老師商量後，決定給她一點時間。

從使用獎勵的方法來試試，鼓勵小瑜不挑食、不嘔吐。但是這聰明又任性的大小姐可是對任何禮物都看不上眼。要用什麼方式啟動她的興趣呢？

想了想，我猜「麥當勞」總該看得上眼吧！

「如果你一個禮拜內都可以吃一點點的青菜，而且不嘔吐，不說『有毒』兩個字，那麼我就請你吃麥當勞的兒童餐。」我說。

「什麼？」小瑜睜大眼睛，不敢置信的問。

「你中午吃飯時會吐，讓我很擔心。而且你不吃青菜，我也很擔心，怕你會太瘦，沒有營養，不吃東西，身體也很容易生病，所以我希望你可以吃一點點的青菜，不要嘔吐，這樣身體才會健康。」我說。

「喔……」小瑜認真的聽著。

「所以我想我們來玩一個獎勵的遊戲，如果每天都可以吃一點點青菜，而且都不嘔吐，老師就給你一份獎勵。」我說，表情非常鄭重，表示我很認真，可不是開玩笑的。

「好啊！」小瑜的眼睛發亮，「可是我真的不喜歡吃菜，要不你真的只能給我一點點，不然我還是會吐的。」

「可以，我答應你，但是你也要做到。」我看著她，「你做得到嗎？」

小瑜點點頭，我希望她能做到。嗯，應該說我非常希望她真的能做到。

習慣的確是件可怕的事，大人要改變既有的習慣已經是非常不容易了，更何況是孩子。

小瑜偶爾還是會忘記，嚷著飯菜不好吃。雖然嚷嚷的次數減少了，偶爾還是會出現嘔吐的行為，但她真的努力不讓飯菜吐出。

最讓我驚喜的是，她開始試著將那一點點的青菜吃入口。只要她吃掉一些青菜，那天中午，我馬上請她一顆糖果。

儘管有時還是會習慣性的想要嘔吐出來，但一想到糖果的鼓勵，加上同學和老師言語的支持，「加油，試試看！」小瑜更認真努力的將小小口的青菜吞進肚。

有時我是心疼又感動，這任性的孩子原來是很需要鼓勵的啊！

她的努力，我們看見了

第一個禮拜，小瑜吐了一次，依約定不能請她吃兒童餐，但是我請她吃了薯條。

「你很努力，我們都看見了，所以請你吃薯條。」我說。「要繼續加油，下個禮拜不要再吐了。如果做到了，我就請你吃全部的兒童餐。」

拿著薯條的小瑜滿臉笑容，嘴邊還有著油膩痕跡的她點點頭。

回到座位，不忘再跟孩子們炫耀一下自己的薯條。

「我有薯條喔！我媽媽也常帶我去吃。」她說。

其他孩子其實也有薯條，只是小瑜的稍稍大包了些。

我想，也許小瑜不是真的挑食，而是因為家裡煮食的菜色根本就不多，而且經常外食，所以她才會如此挑食。

再加上小瑜在家裡根本是被寵壞的，她想要的東西家人從未說No，所以小瑜才會如此任性。

不然就是她缺乏足夠的關愛，雖然物質不缺，但大人並未完全聆聽她的想法，於是讓她藉由這樣的方式，表達她內心的需求與期待被關注的心情。

我想著許多的可能性，也更確定孩子行為的發生的確有許多原因，這些都不是單一條件影響而成，而是由許多外在因素導致的。

孩子的行為取決於大人的態度，取決於大人的行為。

大人對孩子堅定，孩子才能真正學到分辨對錯的方法；大人對孩子仁慈，是因為孩子無法正確分辨是非對錯。

我相信這樣的影響不僅在幼年時展現，在未來的成長歷程中也會有著影響力。

至今，我常會想起小瑜，那個大喊不吃的小女孩。

卷三

用孩子的高度看孩子

陸續來上學的孩子見到這情形，
紛紛驚呼，哎喲！我們遭小偷了！
我看著狼藉光景，也只能搖頭嘆氣。

孩子的守護神

小時阿嬤常說，有孩子的地方就有動物。

我想對孩子來說，小狗小貓是最熟悉的，我猜測也許是因為孩子跟動物之間的磁場頻率相近，有種特殊的情感，因此只要有孩子的地方，絕對不難發現動物與昆蟲的存在。

這是很有趣的發現，在家是如此，在學校裡也如此。

蛤蟆大人

自從小花園完成後，班上來了不少不速之客，除了小黑蚊、蜘蛛和螞蟻自動來報到外，蜥蜴、蝴蝶、小飛蛾，也不時來巡堂，當中最讓人驚異的，莫過於這兩位朋友了。

沒錯！就是癩蛤蟆啊！傳說中醜不拉嘰的癩蛤蟆！

即使是親眼目睹，還真的是覺得牠一點也不美，甚至有時還會不小心的起了雞皮疙瘩。

還記得剛開始見到牠們倆，是在冬天的時候，癩蛤蟆的身形還小不隆咚的，但也不過是半年的光景，到了夏季，這兩位蛤蟆大人已經肥胖到令人驚訝的程度。想必是在幼稚班的花園裡，每日吃飽喝足，瞇眼悠閒睡覺的關係。

我不自禁的想到縮小版的神豬蛤蟆畫面……

跟孩子整理花圃時，我戰戰兢兢的，唯恐兩位蛤蟆大人會一時興起，突然跳躍，撲到我或孩子身上，強迫演出青蛙變王子的戲碼。（嗚——公主變蛤蟆!?）

但是還好，一切都是出於想像。孩子倒比我還自然，看見蛤蟆，反而淡定得很，還安慰我，「沒什麼好怕的！」莫怪孩子是動物的剋星，想來連蛤蟆都怕孩子。

這兩位蛤蟆大人自從來到花園後，就再也不見牠們有搬家的念頭。

孩子頑皮，下課時喜歡拿小草逗弄牠們。牠們老神在在，眼皮瞧也不瞧一眼，敢情是也沒將這群調皮蛋放在眼裡；整理花圃，澆水清理時，牠們也不動如山，動也不動一下，讓我不得不懷疑這兩位其實是模型來著。

招生期間，我笑說，聽說蛤蟆可以招財，招福氣，那麼我們應該讓這兩位蛤蟆先生，好好的在花園裡住下，為我們守護著，看能否招來一些好運。

蛤蟆大人倒是一副你奈我何的樣子，誰管你們人類愛怎麼想，我就是要在這花圃裡賴下！

喔哦！好驕傲的兩位蛤蟆大人哪。

教室的拜訪者——蛤蟆大人，就這樣的成了孩子的守護神，定定的住下。

鬥魚

魚缸裡養了幾隻虎斑鬥魚，是熱心家長提供的。

原本擔心鬥魚會相互鬥毆而受傷，但是正如家長所言，這虎斑鬥魚可團結得緊，牠們只鬥非牠族類的魚，對於同類的，倒是團結合作，不遺餘力。

有趣的生物現象，讓我跟孩子很有興味的觀察這群來此居住的嬌客們。

開始養虎斑鬥魚後，孩子進校門的第一件事，就是搶著要餵魚飼料。

一群孩子圍在魚缸前頭，七嘴八舌的討論著魚的生活與心情。

「你覺得牠有在吃飼料嗎？」一個孩子問。

「有啦！」其他孩子異口同聲回答。

「我家也有養魚喔！」另一名孩子說。

「真的嗎？」這是驚羨的語氣和表情。

「我家也有養，而且很大隻，比這個還大隻。」另一個孩子說。

「喔……」討論話題戛然而止，聽得我一頭霧水，真是有趣的單純的孩子對話。

鬥魚們每日群集缸底，在水中悠閒晃蕩，慢吞慢游的，讓我一改之前對鬥魚的觀感。

孩子喜歡魚兒的到來，非常熱中，而我卻暗暗擔心著，搬來此地的魚兒是否能適應。

因此每天進教室前，總特意晃到大魚缸前，看看裡面的魚兒是否依然。

看來我是多慮了，我這樣想著。

剛開始，魚兒總會沿著魚缸邊緣躲著，孩子跟我老找不到牠們的蹤跡，還好，牠們只是群聚水底，並未消失。

繼蛤蟆大人來到小太陽班後，鬥魚群的到來又成了另一波守護神。

我們逐漸習慣這些嬌客與我們朝夕相伴。每日不看上牠們幾眼，還會掛心。

未料，過了一個週末，回到校園的我，照例來到魚缸前，猛一瞧，這下神經整個緊繃了！

天啊！缸水一片墨黑，而魚兒的蹤影未見。

心一沉，該不會魚兒真被撈光光了！

這年頭什麼怪事都有，放在教室洗手台的肥皂、花圃裡的花肥、小鏟子，甚至我自己買來擺在窗口的十元小花盆栽，都曾被不知名人士摸走。

記得當時教室門口一片狼藉，連花盆都被翻倒。現在似乎光景重現。

陸續來上學的孩子見到這情形，紛紛驚呼，哎喲！我們遭小偷了！

我看著狼藉光景，也只能搖頭嘆氣。

眼看著那大魚缸現在是黑壓壓的一片。心想，該不會連魚兒也都不見了吧！

「老師，怎麼辦？」孩子問。

「那麼就只好來清洗水缸了啊！」

「上午我們還有活動，中午時老師再來處理好了。」我說。

好不容易等到中午孩子的午休時分，終於可以處理被污染的大魚缸了。

一邊倒出髒污的水，一邊拿著水管在水缸裡來回沖著。

我輕輕的把水管沿著魚缸邊緣將水注入，乾淨水流入的同時，污水也順勢緩緩流出缸緣。

水芙蓉的底根落葉、魚兒食物與排泄物、幾片大樹落葉、幾支牙籤，還有小石頭均一一出現。

這惡作劇的人竟將竹籤、石頭丟到魚缸裡，我心裡暗罵，超沒公德心。越洗越清的同時，幾隻躲在底部的鬥魚們，驀然現身，驚惶的在水底東奔西竄，心不甘情不願的。

仔細檢視了魚缸裡的魚兒，看來活動力還不錯，應該只是受到驚嚇而已。我放下一顆心，這可是小太陽班的守護朋友，得要好好照顧哩！注入乾淨的水，魚兒開始活潑潑的游晃著。

午後孩子睡醒，探看鬥魚群，大聲歡呼。

「水變乾淨了耶！」

「魚還在，沒被偷走。」

「你看，牠們要吃飼料了……」

鬥魚依然悠游著，圍著的孩子依然七嘴八舌。我想，這樣的光景應該會再持續好一陣子吧！

蝶

蝶來了，在春天裡。

主題走到「蝴蝶」，孩子們決定要來養蝴蝶。

「但是現在蝴蝶大都已經交配完畢，不太好找，建議養紋白蝶吧！」問了熟識的自然科老師，老師這樣回答。

「啊，那就來養紋白蝶吧！」我說。

柚子從家裡帶來了好大的觀察籠，寶貝從阿嬤家帶來了紋白蝶的寶寶，也就是俗稱的菜蟲。

教室裡就這樣多了一個蝴蝶的家，孩子們也多了一份觀察的工作。

每天上午，孩子們到校的第一件事就是到觀察角進行觀察。

三月十四日，天氣晴。紋白蝶寶寶第一天來到小太陽教室。

三月十五日，天氣晴。今天到植物園觀察植物，找尋蝴蝶的幼兒菜蟲。

三月十六日，天氣晴。柚子發現有一隻菜蟲懶洋洋，不喜歡動。他說，要結蛹了。孩子們驚異的圍著觀察籠。

三月十八日，天氣晴。所有的菜蟲寶寶都變成蛹，教室裡瀰漫興奮的氣氛。

三月二十一日，天氣晴。接連的認識了毛蟲長大的過程。孩子圍聚著觀察籠討論，大家都希望紋白蝶快快出來。

三月二十四日，天氣晴。交趾陶課，大家決定要做蝴蝶陶杯，理由是我們正在養蝴蝶啊！

三月二十八日，天氣晴。第一隻紋白蝶孵化出來，柚子與小欣發現的，大家好高興。

三月二十九日，天氣晴。參觀嘉大昆蟲館，看到好多稀奇漂亮的蝴蝶啊！可惜回到教室時，一隻紋白蝶死掉了，好可憐。

三月三十一日，天氣晴。飼養籠裡剩下兩隻孤單的紋白蝶，大家決定讓牠們回到大自然。

將觀察籠帶到戶外，所有的孩子聚集在觀察籠前。最愛昆蟲的柚子和小欣兩人，小心翼翼的打開了飼養籠。

兩隻紋白蝶一飛出籠外，徘徊許久，似乎在跟我們說再見。

我們跟牠們揮揮手，再見了，紋白蝶！

對孩子而言，從家庭中學習到的課程，其實比在學校學習到的多更多。他們的生活作息、是非觀念、人格養成、社會交際……等等，絕大多數都是從自己最親密的家人身上學習的。

裝氣球的老師

有一天，我們老師對我們說，她的肚子裡有兩個寶寶喔！希望小朋友上課和遊戲時能輕輕走路，輕輕說話，保護老師，也幫忙老師一起照顧寶寶。

老師還拿了她寶寶在肚子裡的照片給我們看呢！我們看照片看得很認真喔！大家都很高興，因為我們都要變成哥哥和姐姐了。

遊戲時間，我們也圍著老師，老師讓我們摸摸她的肚子，不過老師肚子扁扁的，實在看不出來有寶寶在裡面。

我跟老師說：「你一定是開玩笑的！肚子裡根本就沒有小寶寶啊！」

老師聽了哈哈大笑，摸摸我的頭說：「那麼你就幫老師好好的觀察一下肚子吧！看看有沒有小寶寶。」

回家後，我趕快將這件事告訴媽咪，媽咪聽了也大笑說：「那你就好好的幫老師照顧肚子吧！」

媽咪還跟我說走路要小心，不要跑來跑去撞到老師，這樣才不會發生危險。

於是，我開始偷偷觀察老師的肚子！還真的每天都有一點點的變大呢！

我跟老師說：「你一定有在肚子裡裝氣球吧！所以才會像氣球一樣，越來越大！」

老師開心的笑著說：「真的喔？那麼我需要你來幫我照顧這個氣球喔！不要讓我的氣球破掉了！」

我很開心，因為老師要我幫她照顧氣球肚子。

我想老師的肚子裡一定有裝氣球，而且還要每天打氣，讓氣球變大。

老師的肚子裡既然裝了氣球，那老師上廁所或洗澡時，氣球要不要拿出來呢？如果不小心讓氣球滾出來，那怎麼辦？

肚子裡裝了氣球，那睡覺時一定不能亂動，不然氣球鐵定爆掉。

哇！這樣睡覺一點都不好玩，如果是我，絕對不在肚子裡裝氣球。

我越想越擔心。

我想裝氣球的老師肚子一定會不舒服，可是她總是笑咪咪的，看不太出來有不舒服的樣子。不過我想我還是多幫老師一點忙好了。

我開始幫忙老師拿東西，東西掉到地上，我會幫忙撿起來。老師分點心時，我會幫老師一起分，還幫老師端她的餐碗。小朋友上課不聽話，我會幫老師好好跟他們說要乖一點。

漸漸的，我發現老師肚子裡的氣球真的越來越大了，因為有一次，我跟小偉在桌子旁玩積木，走道很窄，老師要過去卻過不去，老師說：「哎呀！老師變胖胖了，過不去耶！小哲跟小偉要不要借老師過一下路呢？」

以前老師瘦瘦的，隨便我們怎麼遊戲，多窄的通道，老師都可以過，現在卻不行了。

老師穿的衣服也跟以前不一樣了，從輕便貼身的衣服變成寬寬大大的衣服，不過，老師並沒有變醜呢！相反的，我覺得老師越來越漂亮。

奇怪？大家不是都說瘦瘦的才漂亮嗎？為什麼老師變胖胖了，反而更漂亮了呢？

老師每隔一陣子就會拿寶寶的照片給我們看，而且跟我們討論媽咪生寶寶的辛苦和寶寶生長的過程，我們都很喜歡聽，而且也很喜歡看寶寶的照片。

原來我們在媽咪肚子裡的時候就是長這樣子。我覺得好新奇唷！

因為老師都會跟我們一起分享小寶寶的故事，也一起分享老師每天的心情，我才知道原來媽咪好辛苦。

從我們在她肚子裡時，就已經開始辛苦了！

晚上回家，我跟媽咪說：「謝謝！」把媽咪嚇了一大跳，但是我發現媽咪很開心呢！有一天，老師突然沒有來上班，原來她肚子裡的氣球快要生出來了。哈！媽咪說等老師生完寶寶，她要帶我去看她，到時候我就可以看到這兩個裝在肚子裡很久的氣球了。

我始終惦念著

懷孕期間，班上的小哲總說，我的肚子裡裝了個氣球！幽默的語氣與一本正經的表情讓我是又好氣又好笑。

小哲雖調皮，卻有貼心的一面，在知道老師肚子裡有寶寶後，他每天主動的幫我做事情，管教其他調皮的孩子。

我看得出來他非常認真看重老師懷孕這件事，有著想幫老師減輕負擔的真心誠意。我真的很感動。

這一份感動放在心裡，直到現在，我都還惦念這一個可愛的孩子。

在還沒生產前，我就已經將這段期間裡發生的有趣的親師對話、改編成小故事，收藏在我的電腦裡。

懂我們愛他們的心

還記得剛開學沒多久，他曾經對著一個還在適應學校生活，每天上學還會哭泣的孩子說：「你不要再哭了啦！這裡老師的兇其實都是假的啦！他們比我以前的老師好太多啦！因為他們一點都不兇的。」

這段話當時被我的搭檔真老師聽見了。哇！孩子能懂得我們愛他們的心真是難得！我們兩個當場感動極了，對這孩子細心體貼的印象更深刻了。

在班上，他算是年紀較長的，不僅年紀長，個頭也大，聲音響亮，說話也很有條理與分量，頗有大哥的風範。因此，班上的孩子也都能信服他，跟著一起受影響。

你完全看不出來他出身單親家庭，儘管父母離異，但並沒有影響到他開朗活潑的個性。他母親的開朗和外公、外婆的熱情，豐富的愛讓他的成長並未因此受影響。

他還曾告訴我：「媽咪會帶著我去機場接爸爸，我覺得很開心！爸爸媽媽離婚跟我沒有關係，那只是因為爸爸媽媽觀念不同，跟我無關。他們還是很愛我的。」成熟、懂事的話讓我一直無法忘記。

家庭是孩子最主要的學習場所

對孩子而言，從家庭中學習到的課程，其實比在學校學習到的多更多。他們的生活作息、是非觀念、人格養成、社會交際……等林林總總的養成，其實絕大多數都是從自己最親密的家人身上學習的。

孩子對家人的感受最直接，他們對家人的敏感度也最快速。家中的變故，不論好或不好，就算是懵懵懂懂的兩歲孩子，也會感受到溫度的變化。

父母的離異，不是孩子的錯。更多的時候，可能是社會、家庭，或者父母個人觀念上的不同，不過真的不要忽略孩子的敏感，他們其實都會知道。

如果父母能努力溝通，盡力將對孩子的影響減至最低，才不會太過傷害孩子。對大人來說，降低傷害也是對孩子的一種責任吧。

看到小哲的家庭，我明白了這個重要的觀念。

「**給孩子的愛有多少，他能回饋的就會有多少，甚至還會更多！**」我在這孩子身上學會了這一點。

謝謝小哲，在老師肚子裝氣球的那段時間裡，謝謝你的體貼與幫忙。

老師永遠都不會忘記。

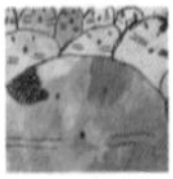

獎懲沒有絕對性，
而方法也沒有絕對性。
端看父母如何運用。

孩子的獎懲

每年，我在班級中使用的獎懲辦法都不相同。有時使用印章蓋印，有時使用點點標籤，有時採用蒐集彈珠，有時是使用集點卡數，辦法各式各樣，但是目的是相同的。

獎懲並非一成不變

因為獎懲辦法的建立，其單純動機，就是想要鼓勵孩子增加正向的行為，建立班級的規則，減少孩子負面的行為與態度，能夠適當的融入團體生活。

然而每年遇到的孩子性質均不同，尤其在開學初，我最常遇到的問題是，每個孩子的質是不一樣的。我們的孩子來自四面八方，有些來自傳統式的學校，有些來自開放式的學校，更有些是未曾讀過幼稚班的，因此在運用獎懲辦法時，老師們也必須做部分的調整。

針對不同孩子的性格與在班級中所發生的事情，來做獎勵與懲罰的依據。

有好的行為，給予點數獎勵；出現不好的行為，扣點以懲戒，當然這是在學期初時一定會做的。因為這樣的方法對中大混齡班孩子來說，是最明確而且最能知道緣由的。

當然我在實施這樣的方式時，也必須非常留意，說清楚講明白，給點數與扣點數的原因與理由，建立起明確而實際的班級常規。

獎懲沒有絕對性，而方法也沒有絕對性。

對幼兒階段的孩子來說，鼓勵好的行為，會比懲罰壞的行為來得有用。因此，持續不斷的鼓勵，無論是針對言語或是行動的表現，都是要建立讓孩子明白什麼是好的，什麼是不好的最佳方法。但是有些孩子，對這樣的方式，卻會有令人意外的反應。也許是舊經驗的關係，部分孩子在面對獎勵時，會認為那是理所當然的，因此在他們出現不當行為時，老師絕對必須確實實施扣點，如此他們才會真正的引以為惕。

獎懲並非必要與絕對

在傳統的認知裡，孩子必須在團體中遵守規則，但是規則一建立，就再也沒有更動的時候了嗎？事實上，不是不能更動，而是**與幼兒的生活規定，必須是建立在相互約定好的尊重基礎上**，如此設立的規定，才能讓孩子心服口服，也才能讓孩子誠心接受。

因此面對部分孩子的不守規則，老師儘管知道孩子的個別情形，但還是必須依照班級的規則來相互制約，這也是老師不得不採取部分扣點方式的原因，而這樣的措施，其實也是針對部分幼童非採取不可的必要之惡。

對多數孩子來說，鼓勵是有正向的意義存在的。獎懲辦法是有助於孩子學習的一種方法手段。

但在進行獎懲時，切記的要點就是規定絕對不可混淆不清，一定要跟孩子們說清楚，講明白，要大家都能接受，大家都要心服口服。

印章、點點的蒐集……不同的獎勵方式有千百種，對孩子來說，蒐集鼓勵是一種過程。對教師來說，那樣的方式也是一種手段，因為我們的目的是期望孩子能擁有良好的生活習性，養成好的態度。

原諒我將跟學生擁抱這件事看得這麼慎重。
但我深深認為尊重這門課程，
不管在什麼年紀，在什麼時候，都應該在生活中隨時記住，並確實落實。

為什麼不抱抱？

他們說：「老師，你有沒有不喜歡我們？」

我說：「沒有啊，我很喜歡你們啊！」

他們說：「那為什麼你不抱抱我們？」

我說：「因為你們長大了啊！」

「如果你很喜歡我們，那你就會抱我們，為什麼你都不抱抱我們？」

「就是因為你們長大了啊！」我笑著。

「那為什麼你有時要大聲說話呢？」

「因為你們有時忘記了規矩啊！我必須提醒你們啊！」

「那你可以不要那麼大聲啊！你可以再小聲一點。」

「是啊，我有時會忘記了，就會變得很大聲。如果我記得了，我就會小聲一點。」

「我媽媽罵我的時候就會很大聲，可是你不是我們的媽媽！」

「對耶！好吧，如果我忘記了，很大聲說話時，請你們要記得提醒我，不然我的臉就會變得醜醜的，而且聲音也會變得很難聽。」

他們又說：「我們不喜歡你的臉變得醜醜的，我們比較喜歡你漂亮的臉。」

我說：「那如果你們可以不要在教室與廁所跑來跑去，不要在教室打架的話，我就不會出現生氣的臉孔；如果你們可以在我提醒你們第一次的時候，耳朵就聽見，趕快讓自己的身體規矩變好的話，我的臉當然就會變得漂亮，不會醜醜的。」

「老師，如果你變得醜醜的，不就是醜女了嗎？」

「是啊，你喜歡我變成醜女嗎？我比較喜歡當美女耶！」

他們聽見美女與醜女的形容詞，又開始嬉笑吵鬧了！

雖然很喧嚷，不過我知道這些孩子很開心。

在擁抱之前，先問孩子

對孩子來說，擁抱是一種安全感，也是一種放鬆感。

我相信不僅是孩子，即使是大人，也都很需要擁抱。

失意難過時，一個溫暖的擁抱可以安慰振作消沉的志氣；開心歡喜時，一個誠懇的擁抱可以讓人的心情安定與沉穩。**對嬰幼兒來說，擁抱是建立安全感最重要的時刻，對孩子來說，擁抱也是鼓勵與安慰的最佳良方。**

既然如此，為何我在班級中很少跟孩子擁抱？其實不是不抱，只是我有一些想法與考量。

在很多現實客觀的環境因素下，身為教師，也要適度的保護自己，畢竟在這大環境下，有很多讓人意想不到的狀況，因此為免誤解，我們會轉換不同的方式，來跟孩子表達我們對他們的疼愛。

摸摸頭，握握手，也是可以跟孩子表達疼愛與親密的另類方式。

台灣與歐美的國情不同，很多開放與保守的觀念總是相互衝突著。

家長有百百種，每個人的觀念與想法不同，對保護自己孩子的方式也不同，對尊重的想法自然也不同。

身為教育工作者，在照顧孩子、保護孩子之餘，不該忘記除了要適度的保護自己外，也要尊重孩子與家長的想法。

在孩子與自己之間留一些空間。

這樣的方式，應該也是一種尊重家長，讓家長安心的方式。

當跟孩子熟悉，在家長可以允許與接受的範圍內，我當然也是會跟孩子擁抱的。但是在擁抱之前，我一定會記得問問他，我可以抱抱你嗎？

原諒我將跟學生擁抱這件事看得這麼慎重。

但我深深認為尊重這門課程，不管在什麼年紀，在什麼時候，都應該在生活中隨時記住，並確實落實。

擁抱是件好事，但是請不要忘記，事先的徵詢與尊重，也是一件很重要的事。

從老師先做起

其實我不愛大聲說話。

但有時在班級中會發現，當孩子在家中習慣大聲說話，聽大人大聲嚷嚷時，他們也會很習慣大聲說話，而讓老師變得很難輕聲細語。

當孩子音量越來越大時，我總要很奮力的要求自己，輕輕說，小聲說，不能隨著孩子的音量起舞。

有趣的是，當我小小聲時，其實他們也會跟著小小聲。

但總是會有例外的時候。

一定會有幾次，孩子出現過度的不安全行為，比如在教室奔跑追逐、打架捉弄，甚至罵人、吼叫……等，這時就不得不大聲說話，才能引起孩子的注意。

他們會覺得老師怎麼突然大聲了。

這種突然的大聲說話，其實會讓他們感覺驚異，甚至不太習慣。

因此當他們跟我說，你可以小聲一點說話時，我突然覺得滿開心的。

這是不是也表示，他們開始能夠接受音量小聲時的提醒，並試著讓自己在教室的音量也變小聲呢？

無論如何，我想，還是從我自身開始做起吧。

先記住小小聲的感覺，孩子就會跟著一起小小聲了。

而運動會當天，阿明的媽媽真的來了。令人意外的是，爸爸竟也帶著一個阿姨來了。我心裡擔憂著，哎呀！真糟糕，真是個弔詭尷尬的畫面啊！

陽光男孩

第一次見到阿明，瘦削修長的身影，伴著開朗陽光的笑容。有著黝黑膚色的他，讓我印象難忘。當時我心裡想著，這孩子很活潑調皮啊！不過應該還保有小男孩的純真與可愛。

後來的相處，果然跟我第一眼的印象相符。

多話的阿明，沒有一刻安靜。他隨時隨地都能與周遭的朋友說話，時時刻刻都是精神健旺，蹦蹦跳跳，從來沒有一絲疲累的跡象。

有一次，我忍不住問他爸爸，他是不是都這樣活力充沛啊？他爸爸大笑著回答，是啊，阿明從來沒有一刻安靜過啊！

活潑調皮的明，就算是被老師責備，他也從不介意，甚至很快的就會忘記剛剛被責罵的事，又跟老師開始聊天抬槓。他最常被請來和老師聊天休息的原因，是因為吵架與多話。不過這都算是小事。

因為必須幫孩子辦理政府補助的扶幼計劃，過程中需要孩子的戶籍證明，我這才確認原來阿明的父母已經離婚。媽媽遠住南部，而他目前與爸爸和阿嬤住在一起。

我有些訝異，卻不動聲色。

學校的運動會要到了，孩子們如火如荼的練習跑步與趣味競賽，熱熱烈烈的準備創意進場的服裝打扮。

今年的裝扮主題是「快樂的獅子」，孩子在雨傘上黏貼獅子的眼睛、嘴巴，並在雨傘四周圍加上金蔥或彩色紙條，成了獅子的頭髮。將雨傘提起，就是可愛的獅子。運動會的前兩週，孩子都非常認真的做道具！

明也興奮的告訴我，運動會那天，他媽媽要來看他。

很少提到媽媽的明突然這樣說時，我心裡有一點酸，但是感受到他的快樂。我告訴他，我也很期待看到他媽媽，因為我們很想跟媽媽說，明在學校表現得很好。明活潑的臉上閃過一絲靦腆與害羞，看得出他又期待又興奮的心情。

熱心小幫手

基本上，明是個熱心又雞婆的孩子。當看到別的孩子遇到困難，明總是義不容辭的大喊，我來幫你！然後不管三七二十一，自顧自的就接手，幫助孩子們解決問題。

例如有孩子要上廁所，想要有人陪，明會自告奮勇的帶他去；孩子跌倒了，明會幫忙帶她到保健室，找護士阿姨擦藥；老師需要有人跑腿送東西到辦公室，明會很快舉手說要幫忙；有時明還會在遊戲時間裡，出面解決孩子們的爭執，完全不需要老師出馬。

我暗暗笑著，這孩子有當熱心里長的本錢。

值得喝采的父母

大家都期待運動會的到來，而運動會當天，明的媽媽真的來了。令人意外的是，爸爸竟也帶著一個阿姨來了。

我心裡擔憂著，哎呀！真糟糕，真是個弔詭尷尬的畫面啊！

但讓人最意外與想不到的是，明的媽媽是個非常開朗的女性。她抱住了明，爽快的大笑著，看來明的開朗其實是遺傳自媽媽啊！而媽媽也爽朗的跟我們打招呼，一邊不忘跟明的爸爸和阿姨揮手。

明對著我們大叫，老師！這是我媽媽喔！

看得出來這一刻是明最快樂的時候了。

在運動會的觀眾席上，我留意到明的媽媽、爸爸和阿姨三個人坐在一起。明穿梭在他們當中，自然的流露出親密的互動舉止，我有些感動。

這時的我才恍然大悟，原來明的爸爸媽媽並沒有讓孩子感覺到父母的離婚是個壓力。相反的，他們似乎付出了更大的努力，讓孩子持續感受到關愛，而讓離婚可能造成的傷害降至最低。

我暗暗的為這對父母喝采著。

運動會後，我問明，你爸爸媽媽離婚了，是嗎？

明泰然自若的回答，對啊。

我問，為什麼呢？你知道嗎？

明回答，因為他們感覺不和，所以就離婚了。

我問，那你會難過嗎？

明想了一下才說，有一點點，不過還好啦，也沒有什麼啊！

我繼續問，那阿姨又是誰呢？

明開朗的說，是爸爸的女朋友啦！唉唷，老師你問太多了啦。

被明糾正的我，抱歉的對他笑，對不起喔，老師很好奇嘛！

明大方的回答，沒關係。

我真感謝明的慷慨與自在，重點是，我真感謝明的爸媽，把明教得這麼好，開朗又活潑，讓人非常喜愛。

隔天，明很晚才來上學，當他來到學校時，還帶著惺忪的睡眼。

我跟君君老師好奇的問他，你昨晚沒睡嗎？

他微笑著，我跟爸爸媽媽去KTV唱歌啦！

「去唱歌?!」

「對啊！因為媽媽昨天來找我們，結果我就跟爸爸媽媽一起去唱歌。」

「還有誰也去唱歌啊？」

「阿姨呀！還有爸爸的朋友。」明很自然的回答著。

我想這孩子真是個幸福的孩子。

比以往更多的愛

曾經我擔心，不知道離婚對孩子的影響有多少，孩子對於爸爸媽媽沒有住在一起的感受會是什麼，但是在幾次與成成家人的接觸，以及看到爸爸媽媽的坦然態度後，我突然覺得自己似乎是多慮了。

我感受到他父母在離婚後依然努力當好朋友的誠意，我也感受到他家人在面對孩子雙親離婚時，認真的付出與用心。更難能可貴的是，明的家人不吝讓明明白事件的發生，他們真心的彌補對孩子可能造成的傷害，因此他們對孩子的愛，反而比以往都要多更多。

從明每天開朗快樂的表情與學習中，我也間接學習到**成人世界需要有的坦然面對，對孩子來說，是多麼重要；而大人真誠面對解決問題的態度，更是讓孩子學習誠信的重要基礎。**

於是我想著，明真是個幸福的孩子。明也許有些部分不如一般孩子，他也因父母的分開而失去了一些理所當然的關愛，但是與同齡的孩子相較，他的父母的確真的很不容易。

根據二〇〇九年的調查顯示，台灣的家庭離婚率已排名世界第三，這也顯示出台灣的社會逐漸邁向單親教養與隔代教養的模式。這樣的趨勢是我們不容忽視的。在我帶的班級中，在今年度就有三分之一的孩子是出身自隔代教養家庭，也有約三分之一的孩子是來自單親家庭。

我看著這些孩子，心裡常會有許多的感慨與不忍，但是明是特別的，不只是因為他單親，更重要的是，他的家庭與父母是我遇過最開明、最坦然的，我想，也許就是因為如此，才能造就出像明這樣開朗樂觀又熱心的孩子吧！

我想為明加油，也想為明的父母加油，更想為明的家人加油。

配偶的仳離，有時是因為不得已的因素，不能怨天尤人，但是**對孩子來說，如果能理解父母的心情，明白父母婚姻生活的不得已因素，然後將婚姻裡可能有的傷害降到最低，相信大人跟孩子也能從中學習到不一樣的生活體悟。**

看到明，看到他的家人，看到他們的用心付出，我相信這世界在感情悲傷之外，還是能有一片美麗的天空待續。

這孩子，的確是個陽光男孩。

「阿蹦！」我忍不住大叫，這是他這週以來拆掉的第三組玩具。
「好啦，好啦，你不要生氣。」
阿蹦忙不迭地說，「我幫你裝回去。」

阿蹦啊！

那一年的東北季風特別強勁，海邊的小學校在孤寂的田野裡本已孤寂，但設置在校園一角，小小的活動室兼幼稚班更顯孤寂。

到校的第一天，七點二十分。我翻找著包包，忙著搜尋鑰匙，要開啟那老舊沉重的鐵門。

一陣叮叮咚咚的聲響由遠而近，老舊的裕隆寶藍色四門轎車，身上還伴著斑斑點點的鏽蝕痕跡，大剌剌的從校門口開進來。

車停門開，一個瘦小黝黑的女孩躍出，全身包得密不透風，臉蛋被花布遮掩了一半，但那一雙黝黑晶亮的瞳眸格外令人印象深刻。

「老師啊！不好意思！」用著海邊特有的腔調，女孩急切的說。

她說著，開了車後門，被子裡一團黑黑的小孩正熟睡著。

她將他抱了下車。

「我一早去魚塭！不放心他自己一個人在家，才將他帶在車上！」邊說邊抱下孩子。

我趕緊開了教室門，讓媽媽將孩子抱進去。進了寢室，她將孩子輕輕放下。

「他想睡了呢！」她說著，一臉鬆了口氣的表情。

我打開櫥櫃，找出一襲棉被，幫孩子蓋上。

孩子始終熟睡著，身邊的紛擾對他來說，一點都不構成影響。

街坊養大的孩子

短短馬尾的她，穿著一身跟村婦一樣的純樸衣著，不細看還看不出她這樣的年輕；小小的臉蛋，有著細緻的五官，皮膚黑了點，身影瘦了點，如果稍加打扮的話，應該是個清秀漂亮的女孩；只是在這二十出頭的年紀，她比別人多了份責任，一個五歲的娃兒，活蹦亂跳的小男孩。

後來漸漸明白，原來媽媽之前在都市裡謀職，但是不知為何，她懷孕了，而男友卻跑掉了，連工作也跟著沒了。

無法可想的她，只好挺著大肚子回鄉下父母家。

生下的男孩，大家都叫他阿蹦，因為實在太活蹦亂跳了，讓人印象深刻，也因為小名實在太過響亮，大家反而都忘記他的真名了。

別看他年紀小，瘦小的他，手腳可靈活極了。因為媽媽太忙了，阿蹦簡直就像是鄰居街坊養大的孩子，左右街坊幫忙照料著他。在海邊田野奔跑長大的阿蹦，整天活力十足，蹦蹦跳跳的。

阿蹦，這小名果真貼切。有時我還真納悶他那永遠用不完的精力打哪兒來。

不過大家更喜歡叫他「阿蹦啊」，將尾音拉得長長的，聽起來就像在唱一首歌。阿蹦也喜歡我們這樣叫他。

阿蹦說話很大聲，響亮得緊，肺活量大得很，喜歡唱歌，喜歡說話，唯一讓他不喜歡的，就是跳舞。每遇到跳舞課，他就沒轍，呆站一旁，像個小小木頭人似的。

這一天我問他，為什麼不愛跳舞？跳舞很好玩啊！

「我不愛跳舞，我比較愛跳八家將！」用台語回答我的阿蹦，說著就自動地跳起了八家將的走步。

讓我好笑又好氣。

「不行。」我說，「在學校不能跳八家將。」

「為什麼？」

「嗯……」我一時也不知如何回答，想了好一會兒。

「好啦！我知道了啦！」不等我回答，阿蹦自動幫我解圍。

真是好極了，讓我大大鬆了一口氣。

阿蹦很愛跟另一個小女生阿妹一起玩，兩個小小的人兒總有說不完的話，下課也說，上課也說，午睡也說，溜滑梯也說。真不知道為什麼小小的孩子有這麼多話可說，而且聲音宏亮，讓我招架不住。

「阿蹦啊，阿妹啊，可不可以小聲一點？」我說。

「很難耶！大人說我們是『大喉嚨坑』！」兩個小小人兒用台語這般的回應我。

嗯，也是啦！在這裡想要輕聲細語，應該是滿難的吧！我想。這裡的人說話音量都響亮到讓人以為在吵架，因此孩子也跟大人一樣，嗓門都很宏亮哩！

阿蹦動作有時挺粗魯的，雖然個頭小小，不過力氣挺大。

「老師，阿蹦把玩具弄壞了！」孩子大喊著。

阿蹦是「拆解玩具高手」，玩具一到他手上就會體無完膚。

「阿蹦！」我忍不住大叫，這是他這週以來拆掉的第三組玩具。

「好啦，好啦，你不要生氣。」阿蹦忙不迭地說，「我幫你裝回去。」

娃娃家玩具裡的烤箱，又被阿蹦給拆解了。

「你要負責裝好，不然你得賠學校一個。」我說。其實根本也不會要孩子賠，只是口頭上還是要警告一下，不然養成習慣還得了。

阿蹦手忙腳亂的，趕緊飛奔去拿了膠帶台，一邊念著，老師生氣了，要趕快修理好才行。

我猜，阿蹦的心裡絕對知道，要用膠帶給老師交代一下。

學習認字

阿蹦不是那種絕頂聰明的孩子，但也算是聰明，只是認字對他來說卻是一個難題。對他而言，認字應該不難，但不喜歡認字的他總說，「好累喔！」

地處偏鄉的這裡，不給孩子一些認知的知識是不行的，由於大都是阿公阿嬤帶孫子，阿公阿嬤哪有能力教這些孩子呢？還是得由學校老師慢慢的教孩子們認識名字，認識數字。

畫數字時，阿蹦最常做的是，將數字的3和7倒過來書寫。提醒阿蹦時，他還會頂嘴個兩句，「喔……它睡著了啦！」

在這裡與孩子溝通只用國語是行不通的，多數的居民都說台語，照護孩子又多是阿公阿嬤級的，像阿蹦媽媽這樣的年輕居民實在少之又少，因此孩子在耳濡目染之下，也都以台語溝通為主。

還好我很會說台語，跟這群小人兒說話是沒問題的。不過較傷腦筋的是，這些孩子跟阿蹦一樣，在戶外習慣了，到了室內要乖乖坐好，就成了一大難題。所以每天不讓孩子出去放風一下是不行的。

雖然校園靠海，東北季風強勁得很，但是孩子依然喜歡在外面跑跑跳跳。戶外遊戲時間一到，不等老師說，孩子就自動的一陣歡呼，「下課了！」將遊戲室裡的三輪車、腳踏車、扭扭車全都搬出籠。只見十幾個小小孩，搬的搬，推的推，將這些大大小小的車子搬到操場跑道上，開始一陣歡喜尬車陣！沒搶到車子的，就奔到操場上翻筋斗、打滾。這些孩子一點也沒閒著。

我慶幸著，還好學校夠迷你，夠包容孩子，不然誰會肯讓那紅土跑道任由這群小孩來撒野。

阿蹦當然是其中之一，愛跑亂跳的他，每到這樣的放風時間，總會搶著跑第一，然後跟阿妹兩個一起在操場上騎車奔馳。沒騎到車的時候，也會拿著球在操場上追逐嬉鬧。

我自己也很喜歡陽光下、微風中這樣的畫面，這些孩子自然純樸得讓人難忘。

有心事的孩子

但這一天到戶外活動時，阿蹦卻意外的安靜，不像平時總是衝第一個到戶外。

「阿蹦啊……你怎麼了？」我問。

「沒有啊……」

「那今天怎麼沒有跟阿妹一起去尬車？」

「不想。」

「是怎麼啦？」

「唉唷，你別問了啦！」

「跟老師說啦！」

「等我想好了再說啦！」

想不到阿蹦也有心事，這可真讓我驚奇了，但是為了尊重阿蹦，我不再追問。我想等阿蹦自己來跟我說，但阿蹦一直沒來跟我說。

隔天，阿蹦又是活蹦亂跳的模樣，這件事我也就淡忘了。

又隔了好一段日子，直到這天，阿蹦的媽媽帶著阿蹦來到學校。外罩著溫暖大衣，短裙時髦的裝扮，跟平時見到的形象完全不一樣，如果不是她身邊那小小人兒環繞著的話，一時間我還真認不出她來。

「老師啊……」阿蹦媽媽說，「我們不來上學了。」

「怎麼了？」我問。

「我們要搬家了，所以不來上學了。」阿蹦媽媽臉上化了妝，也擦了口紅，真是個漂亮的年輕媽媽。

「喔……」我說。

跟阿蹦媽媽談話後才知道，原來前一陣子阿蹦的爸爸找到鄉間來了，提到想要將阿蹦帶回城市。

阿蹦媽媽考慮了很久，為了阿蹦將來好，決定跟阿蹦一起再回到城市生活。

我想起前陣子阿蹦忽然的安靜，也許那時阿蹦心裡就已知道這樣的變化吧！

「阿蹦知道嗎？」我問。

「知道。前一陣子就有跟他說了。」阿蹦的媽媽回答。

我看了看一旁的阿蹦，今天的阿蹦難得的穿著一件乾淨的POLO衫，跟平常黑漆漆的T恤完全不同。

「阿蹦啊……」我蹲下來看他，「你要搬家了，對嗎？」

「嘿啊……」阿蹦害羞了。我看到他臉紅了，實在是非常可愛。

不知道該說什麼，一時之間好多話都哽著。

「阿蹦啊，回去要當個好孩子喔！」我摸摸他的頭，阿蹦點了點頭。

回家時，我跟阿蹦相互擁抱了一下。害羞的阿蹦眼睛都不敢看我。

阿蹦跟媽媽離開了。

教室裡不再有阿蹦活蹦亂跳、調皮搗蛋的身影，也不再有他開朗的大吼大叫。

偶爾我會懷念起調皮的阿蹦。

阿妹安靜多了。看她安靜的身影，我想著，她是不是也跟我一樣，偶爾也會想起阿蹦呢？

「易老師，你看！」我偷偷指著。
阿嬤並未察覺我在看她，逕自再端起另一盤所剩無幾的甜點倒進袋裡。
「噓，不要說。」易老師看著我悄聲說，「先忙別的。」

不要說

親師座談會那天下午，藍天白雲，天氣好得不得了，而校園四周的稻田綠油油。這是開學第一週，炎熱飄浮在午後的空氣中。

來的大都是阿公阿嬤，偶或間雜著幾位年輕媽媽。鄉下年輕爸媽多半出外賺錢打拚，孩子多由祖父母代為教養，務農家庭兼隔代教養在這裡比比皆是。

阿公阿嬤、媽媽們一邊閒話家常，一邊在教室裡找了位置坐下，教室裡鬧烘烘。鄉間人少，大家互相認識，於是聊作物、聊人事，教室霎時熱鬧滾滾，好不沸騰。

「很高興大家都來參加我們的座談會……」易老師起了個頭，座談會開始了。

我坐在門口擔任簽到、發飲料的工作，心裡恍恍惚惚的。

這樣的下午時分總教人睡意濃厚。尤其剛開學，忙得有點昏頭，雜事繁多，孩子又調皮，感覺自己有點像無力的八爪章魚。

座談會在室內平順的進行著。看看時間，我將簽到物品收起，走到戶外開始安排會後小餐點。將簽到桌搬到走廊上，這教室空間不大，能活動的地方有限，所以餐點只能在走廊享用。

我鋪上綠桌巾，擺上大塑膠紅盤，將一袋袋的點心糖果拆開分放在紅盤上。放置完畢，擺上兩盆預先整理好的小花盆，看來就很像樣了。

一隻黑貓從教室前鐵欄走過，轉身詫異的用牠藍色晶亮的眼睛看我。我瞪牠一眼，「走開，別來鬧！」黑貓輕巧的跳離。

時間一分一秒的過去，教室裡的座談也熱熱鬧鬧的。

易老師時間控制得真好，座談會準時結束。

有的家長必須回田裡忙農事，有的必須回家照顧生意，有的必須趕回家做晚餐，無暇留下用餐閒談的家長比比皆是，於是我們決定讓家長們將糖果、餅乾帶回去，讓孩子開心一下也好。

忙碌言談間，我幫忙家長們裝些糖果、餅乾在袋子裡，好讓他們帶回去。其中，我也幫一位阿嬤裝袋，好讓她帶回去給孫子吃。

阿嬤連聲說謝，我轉身繼續忙碌。

再一回身，赫見阿嬤將紅盤裡的甜點一整盤又一整盤的倒進那袋裡。

我傻愣愣的看著她俐落的動作，一時不知如何是好。

我抓抓一旁易老師的衣角。「珠老師，你看！」我偷偷指著。

阿嬤並未察覺我在看她，逕自再端起另一盤所剩無幾的甜點倒進袋裡。

「噓，不要說。」易老師看著我悄聲說，「先忙別的。」

另一種體貼

我不再說話，但是心裡的疑惑與不平之心油然生起。

怎麼可以就這樣整盤拿去？老師都已經幫你裝了，難道這樣還不夠嗎？

我心裡偷偷念著，好貪心，好貪心。一邊念著，一邊開始整理、收拾會後座椅。

等到所有家長離去，桌椅收拾完畢，我跟易老師終於可以坐下稍歇時，易老師問我：

「你知道為什麼我叫你不要說嗎？」

我一時還沒回神，不了解易老師在說什麼，我拿著茶水杯的手定在空中。

「什麼？」

「我是說，你知道為什麼我剛剛跟你說不要跟阿嬤說嗎？」

「對啊，為什麼？」我壓抑許久的疑惑與情緒迸出，忍不住絮絮叨叨的說，「哪有人將整盤的糖果、餅乾都倒進袋子裡？也太貪心了吧！很沒禮貌耶！」

「其實我剛開始也不太高興，不過後來我想到，阿嬤家境不好，難得有這麼多糖果、餅乾可以拿給孫子，所以我就假裝沒看到了。」易老師說。

「可是每個人如果都跟阿嬤一樣，那怎麼辦？我們怎麼可能應付得來⁉」我說。

「是沒錯啦。」易老師說，「但是當場跟阿嬤說，你想如果你是阿嬤，你會怎麼想？」

我停了一下，沒說話，但是我心裡想著。

是的，其實此地的家長如果有這樣的動作出現，是可以理解的。不是因為孩子們都沒有糖果、餅乾，而是鮮少有像今天準備的比較精緻的點心，也難怪阿嬤會想把這些東西帶回家。

這樣想著時，心裡也就逐漸釋懷了。

我懂了。

「換個角度想，一年裡，我們也不過辦幾次這樣的座談會，想要這樣吃也沒幾次。」易老師笑著說，「所以我想我們下次換個方式好了。」

「什麼方式呢？」我說，「啊，等一下，我知道了。」

換我笑了，我懂得易老師的意思了。

「那你說說看，看我們兩個想的有沒有一樣？」珠老師說。

「我們下次換準備一份一份的，這樣阿嬤就沒辦法倒一大盤的點心了。」我笑著。

「是啊！」珠老師笑得更開了，「我們換個方法，這樣就不會有這個情況了。」

換個角度，處理事情

我想著家長與老師之間的微妙關係。老師的體貼總在默默之間，不會出聲，因此多數的家長並未察覺。

親師間的衝突往往是因為沒有想到對方，親師間的誤會也常常都是因為自我意識過

強，因此，當事件發生時，有時緩一下、想一下，會比立即反應要來得好一點，因為事情也許並不是我們所想的那樣。

有些事件的處理方式未必要按照既有的成規處理。換個角度，轉個心思，也許會有更好的解決辦法。「不要說」，不是都不說，那是一種體貼。「不要說」，不是都沉默，那是一種思考。體貼他人可能有的困境，思考著更好的方法。

離開鄉下多年後，我仍然會想起那個炎熱的午後，阿嬤的身影與易老師的處事。對我來說，那是記憶中難得的學習與回憶。

心疼的「媽媽老師」，
每天偷偷檢查阿吉的傷痕，
幫阿吉擦膏藥。

天使的天使

放下電話，我想起阿吉剛來的模樣。

壯碩的體型，在班上算是獨具一格，體型大，嗓門也是最宏亮的。剛來的每一天，總是會有孩子來告他的狀，老師，他打我！老師，他撞我！一度我曾懷疑阿吉是否有習慣性打人的行為，但是後來，我們發現，其實他真的不是故意的，他只是想要交朋友。

他的眼神隨時都在觀察我們。我注意到，**他的不安來自於大人的反應**。大人的情緒如果是波動的，他就會開始惶恐；大人的情緒如果是安定的，他就會安定而且平穩。

我們猜測，也許是家庭生活的因素。但是單親家庭的他，母親很少出現，都是由家中最年長的阿祖來接送，徵詢阿祖任何相關問題，似乎沒有任何效果。

我們特地打電話給他的母親，請他母親偶爾也來接送他上下學，讓我們有機會與媽媽對話。

他的媽媽終於來了，打扮時髦的年輕媽媽，其實跟他一樣，有著憨直純真的笑容，但是年輕媽媽還帶著一絲社會歷練的滄桑，有著較同齡媽媽更早熟的臉龐。

她提及，阿吉最近的進步，讓她非常開心，但是對於過往孩子的經歷，媽媽卻不多言，只訴說著阿吉來到這裡後，變得開朗而且有自信。

我體諒的不予多問，靜靜聆聽她的述說。

有時有些話語是要家長信任我們後，我們才能知道，有時有些狀況也要家長願意表達時，我們才能明白。

與家長之間的相互了解，必須是建立在彼此信任的基礎上。

這孩子剛來不到兩個月，我們還需要一點時間來建立彼此的信任感。

媽媽又說，這孩子一向動作比較大，容易被誤解，而且他又是個雞婆的孩子。

我告訴她，阿吉雞婆不是壞事，那表示他很善良、很熱情，也很體貼。

媽媽聽著，點頭如搗蒜。

「開心」的告狀

這是阿吉，這學期轉到班上的孩子。

班上的小天使最近突然開始愛告狀，尤其喜歡來告阿吉的狀。他會說，阿吉不乖，不要給他彈珠！彈珠是那陣子獎懲遊戲的計點數工具。小天使還會說，阿吉剛剛罵我。但是每次問出原因和結果，總讓我好笑不已。

不能給阿吉彈珠，是因為剛剛阿吉跟別的孩子起了小爭執，讓小天使覺得阿吉很不乖，所以他要見義勇為；阿吉剛剛罵了小天使，其實是因為阿吉的嗓門太大，讓小天使感覺被罵了，覺得委屈。

小天使在班上會習慣性的碎碎念，像小鸚鵡一樣，重複碎念個不停。班上孩子都習慣了，不會有人回應他的碎念，但是阿吉不同。

只要小天使開始說話，阿吉就一定會回答他，而且是非常認真的回答。

剛開始小天使總納悶的看著阿吉，我猜測他應該是覺得奇怪，心裡的OS是，我沒有跟你說話，你為什麼要跟我說話。

但是阿吉還是一樣認真的回答他。

於是兩個孩子開始有了小吵架，小天使就來告狀了。

小天使開始懂得告狀，我其實還滿開心的。

因為，當一個被診斷為自閉兒童的小天使會與外人吵架，這就表示他開始有進步了，而且是進步神速。

於是我想，阿吉是天使的天使啊！

媽媽老師

幾天前，一位同為幼教人的朋友打電話來，她說她無意間在我班上見到阿吉，她既驚訝又開心。

原來阿吉以前是她幼兒園裡的孩子，有一天，突然轉學了，而且毫無音訊，讓她擔憂不已，當見到他出現在我班上時，她開心的想要馬上告訴我，因為這孩子對她來說，是個特別的孩子。

而在得知阿吉小時候的故事後，對阿吉，我有了不一樣的想法。

這真是一個堅強樂觀的孩子。

朋友說，中班時的阿吉在她班上，總是將她當作自己的媽媽，叫她「媽媽老師」，所以他對阿吉有著特別的情感存在。

阿吉是在家暴陰影下成長的受虐兒童。媽媽受不了爸爸的暴力，逃離了家庭，而跟爸爸住的阿吉只要調皮，就被兇惡的父親鞭打，只要不乖，就連帶的也被家人施虐；阿吉的身上，青一塊紫一塊，沒有一處是完好的。

心疼的媽媽老師，每天偷偷檢查阿吉的傷痕，幫阿吉擦膏藥。因為擔心孩子出事，所以也將這樣的事件呈報學校。

當時阿吉的母親與父親正在辦理離婚，而阿吉的監護權暫時還是歸給父親。有一天，不知什麼原因，阿吉被父親綁起來鞭打，打到昏了過去，送醫看診。

不僅醫院通報，媽媽老師也通報了，由社工人員出面處理，阿吉的遭遇終於被關心了。

這件事後，阿吉的母親下定決心，要努力爭取阿吉的監護權，而在事件後不久，阿吉的父親因為暴力事件也進了監牢。就這樣，事件暫時落幕，只是不知道小小阿吉的心裡有著什麼樣的感受。

學期末，阿吉的母親跟學校說要轉學，才剛說完的隔天，阿吉就未曾在校園裡出現了。

媽媽老師找了他好久好久，始終未果，最後決定放棄了。

微笑的酒窩

其實阿吉是這學期轉來班上的。

我跟這位好夥伴說，阿吉很好，媽媽也很好。阿吉每天都笑咪咪的，他跟小天使是班上最好的朋友。

重點是，我真的看不出阿吉曾經是個家暴受虐兒。

這是真的。

我總說，阿吉是天使的天使。如果沒有他的愛說話，主動與小天使對話，我不相信小天使的人際溝通與學習會成長得這麼快，而且兩個孩子最後竟成了最要好的朋友，這也是我始料未及的。

當「媽媽老師」告訴我阿吉小時候的故事後，我對阿吉的喜愛又多了一份心疼與不忍。

我看著他的笑容，我開心著他與我們的默契是這樣的良好。

他會幫忙照顧孩子，也會幫忙教室的工作。更重要的是，他不介意同學的玩笑，當同學說誰最胖，還能幽默的開心笑著說，我最胖啦！

這樣一位開朗熱心的孩子，誰會看得出他小時候的經歷是這樣的呢？天使的天使，即使有過心傷的過往，孩子的自我療癒能力，的確令人驚嘆。

我雖然擔憂小時候的陰影會在孩子心裡留下創傷，但是至少我看見，**事後大人的努力補救與提供穩定的成長環境，的確可以保有孩子的天真，回復孩子的純真。**

大人世界的不安躁動，不該轉嫁給孩子，情緒的宣洩也不該是由孩子來承受。

我看著天使的天使，看著阿吉微笑著的酒窩，心想：什麼時候，我們才能真正給孩子一個安心成長的童年？

沒有暴力，沒有虐待，沒有不安，沒有哭泣。

這是我們應該努力的。

當我們發現孩子不能如預期的成長，
不能如我們所願時，
我們所能做的是什麼呢？

從沒忘記你

午後，教室裡安靜著，因為孩子們都睡了。電腦桌前，我叮叮咚咚的忙著打字，今天，我想要將課程照片記錄整理好。

門外一陣輕喚，「老師，老師！」我抬起頭，一張笑臉在紗門旁探著。是熟悉的小恩媽，笑容可掬的她，帶著讀小一的小恩來。躲在媽媽背後的小恩，左右探看著我，好像在玩捉迷藏似的。

我知道他在觀察，想知道我還記不記得他。咧嘴笑開的小恩，雖然掉了一顆門牙，但是仍舊無損於他可愛清秀的臉龐。

總是掛念著老師

小恩，是去年畢業的孩子。

我笑著看他，對他說：「老師從來沒有忘記你。」一邊說著的同時，一邊腦海裡浮現初次見到小恩的情形。

那一天，媽媽牽著小恩的手來到教室門口。這是九月開學的前一週，我正在教室裡備課。

正忙碌著，小恩的媽媽牽著小恩來到教室門口，遲疑的探望裡面，見到只有我一個人，悄聲的問，「我們今年要來這裡讀，可以進去教室裡面嗎？」

「當然可以。」我說，一邊將手裡剛剛印的不甚滿意的資料丟進廢紙簍。

當時我正忙著編排活動的日期與教學的流程，所以面對第一次來的小恩和媽媽，我只能抱歉的跟她說，「媽媽，不好意思，你就隨意走動吧！我暫時先忙，等等有疑問時，請跟我說。」

於是小恩媽媽帶著小恩在教室裡走動，那天他們只問我，「可以玩玩具嗎？」我點頭說好。

小恩愛不釋手的玩著益智角裡的玩具，安安靜靜的。小恩媽媽在教室裡小聲走動觀察，而我則在一旁努力的趕工。

教室裡的三個人，各自忙碌，也各自觀察著。

回想起那樣的畫面，我心裡忍不住笑了。

難怪開學後，小恩媽媽有一次來找我時，忿忿的說：「我要去投訴！」

「為什麼只有你一個老師，學校難道不知道孩子需要照顧嗎？你又要忙行政又要忙教學，哪兼顧得了？」忿忿不平的口吻，讓我嚇了好大一跳。

但是說完後的她又似一陣風般，酷酷的轉身離去。

嘴裡這樣說著的她，其實並沒有這樣做。

我知道充滿正義感而個性直率的她，其實只是不忍老師要照料孩子，又要兼任其他工作，但我卻只能無奈的笑笑。

話說回來，當初小恩的調皮，可也曾讓我挺傷腦筋的。

小恩的媽媽說，小恩一直很想來看我，在家念著很想老師，很想回小太陽班，可是又不敢來看我。

因為他覺得自己會害羞。在家的他，總是叨叨絮絮問媽媽，為什麼小朋友要長大？為什麼不能繼續讀幼稚園？為什麼小朋友一定要讀小學？

因為他感覺害羞，所以總是偷偷的繞到教室的另一邊，遠遠的看著、觀察著。聽完媽媽的敘述，我好笑著孩子的天真。

看著他在一旁又奔又跑，一下子翻筋斗；一下子又從媽媽的胯下探出頭；再一下子，他又繞到母親背後探看著。

他看著我跟他媽媽聊天，臉上寫著我好高興，活潑雀躍的程度不減小時候。我想我懂他的開心。雖然他是個活潑熱情的孩子，但也是個害羞、不善表達的孩子。

緊迫盯人的策略

當時的小恩，其實是班上最讓我頭痛，也是最讓我花心思的。

別看小恩瘦瘦小小的，從開學第一天起，我就發現小恩常會和同學起衝突。吵架、打架更是家常便飯，只要我稍稍挪開視線，他馬上就出狀況。

被告狀的次數永遠趕不上改進的速率。請他來跟我說話，變成每天的例行公事。

我觀察著，留意到他的行為是來自於他不知如何與人相處。

身為家中獨子的他，其實很想要跟朋友一起遊戲，但在踏入團體生活初始，他卻不知道如何融入團體之中。看似活潑的他，骨子裡其實是個害羞靦腆的孩子。

我猜測，小恩是個慢熟的孩子，但也非常敏感。對外界接收的事物與行為表現的連結度還不是很好，因此出現的行為表現往往讓人有所誤解。例如，他知道不能動手打人，但就是沒辦法好好控制自己，只要一衝動，就會出現打人行為。

幾次下來，我發現我必須採取緊迫盯人的策略。用最原始的方式，隨時提醒小恩，不能動手打人。

手是拿來做事情的，不是用來打人的。打人是一種傷害人的行為，我們自己都不喜歡，所以也不能用不喜歡的方法對待別人。

我每天每天的提醒他，發揮老媽子囉唆嘮叨的毅力。我決定就這樣實施好一陣子，觀察他的行為是否會改善。

教養上的難題

每天來接送的媽媽不太常笑，很容易令人誤解是位不好溝通的家長，但是相處久了，我明白到其實這位母親是位非常認真的母親，她很清楚自己的孩子，也明理的會找時間觀察老師，與老師溝通，但是她也會有力不從心的時候。正因為小恩是獨子，讓媽媽在教養孩子的歷程中，遇到了一些困難。

三代同堂的家庭，在管教觀念上，的確是會有些出入。儘管大家愛孩子的心都是一致的，但是方式、觀念的差異，卻也容易讓孩子無所適從，於是這樣的孩子，他的不安定感也更甚於一般的孩子。

我記憶猶新的想起曾經有一天上午，他一來上學，我就發現孩子的鼻孔下一整排黑黑的，我非常疑惑。

我問他，你怎麼了？

他說，你不要問我啦，因為我會覺得很不好意思。

我說，可是這傷口好奇怪，我真的很想知道為什麼。

他說，你現在不要問我，等我想好了，我再告訴你。

我說，好吧！那我等你想好了，你再來告訴我。

到了中午，藏不住祕密的孩子走了過來。

「老師，你不是問我鼻子怎麼了嗎？」

「是啊，你決定要告訴我了嗎？」

「我偷偷跟你說，你不要笑我喔。」他一反常態的認真表情讓我很想笑。

「好，我一定不笑你。」我強忍著笑意，刻意擺出好奇又專注的表情。

「其實是因為我昨天玩打火機……」

「玩打火機？」我訝異著，但是表情不動聲色。

「對啊，結果打火機拿得太靠近鼻子下面，所以鼻子下面就燒焦了。」

他靦腆的說完他的調皮事蹟，然後訕訕的笑著，有點不好意思。我當下傻住，從來沒有遇過孩子會玩打火機燒自己鼻孔的。

我跟他說，「天啊！你把我嚇了好大一跳，我想你一定很痛。」

他點點頭，然後跑開了，留下我在一旁，想著，這孩子的調皮其實很不同於其他的孩子。

孩子還不懂抒發情緒

我又想起他的母親曾經對我說，易衝動的他，曾經用椅子重重錘擊家裡的玻璃桌，結果整塊桌子的玻璃全毀了。那天他在家裡受到嚴重的責罰。

我觀察他，跟他說話，跟他聊天，當然我也曾責備過他，也曾請他來我身旁休息。當孩子情緒不穩定時，我想辦法要他靜心聽著，要他在我身邊坐著，看我做事。

其實他的衝動易怒，也許連他自己也覺得困惑。孩子尚未知道怎樣幫自己的情緒找出口，因此我也曾懷疑他是否有過動傾向。找出測驗量表做觀察，結果是這孩子並未達到標準。

現在看著他在一旁跳躍翻滾，開心的模樣，我跟他的母親聊著他上小一的情形。

媽媽說，有一陣子她生病，沒辦法好好照顧這孩子，孩子的調皮似乎有變本加厲的情形，適應不良的情況也變得明顯，現在她的健康恢復了不少，但是心裡的擔憂卻變多了。

媽媽的心只有當媽媽的最懂。

擔任畢業致詞

我說，給他一點時間，大人就努力的陪伴他吧。他跟你都需要一些時間來調整，我相信他一定可以很快追上來的。

言談裡，我跟小恩的媽媽提到，在畢業典禮前，我問孩子，有誰願意上台致畢業詞時，小恩自告奮勇的率先舉手，表達想要擔任畢業致詞的意願，當時我很快的應允。練習時，我特別鼓勵他，我相信他可以做到。我知道他容易緊張，但是**仍然非常高興他自願性的舉動，因為這代表他願意而且努力融入團體的心意。**

畢業典禮時，瘦小的他，站在一起致詞的同學中間，看起來更瘦小了！但是他宏亮的嗓門，勇氣可嘉的表現，讓我在心裡為他打下一百分。

我以為，這樣一位曾讓老師感覺頭痛，花上很多心力照護的孩子，總是讓老師叫來坐在一旁休息，被隔離著跟老師說話的孩子，在上小學後便會將老師忘得一乾二淨。

但是他並沒有忘記老師。

其實我都知道他有回來，我有空時會跟他揮手招呼，但較忙時，就對他微笑著。他總是會在下課時間，故意走到幼兒園的門口探看；有時他也會從我身邊故意假裝不經意的奔過；更可愛的是偶爾會晃到我面前來回走個兩圈，看我記不記得他。

其實我一直沒有忘記他曾帶給我的一切。

這樣的午後，他與母親的拜訪，讓我感動，也深深以作為一位幼教老師為傲。因為知道孩子曾經努力過，而我們也曾用心過，因此當看見孩子回來探望時的回饋，那樣的喜悅比平日的歡喜更為加倍。

看見他與媽媽的身影消逝在走廊那頭時，我的心裡突然想起《先知》裡的一段話。

一個懷抱著乳兒在胸前的婦人說，對我們講關於孩子吧。

他說：

你的孩子不是你的。

他們是「生命」的子與女，

產生於「生命」對它自身的渴慕。

他們經你而生，卻不是你所造生，

雖然他們與你同在，卻不屬於你。

你可以給他們你的愛，卻非你的思想。

因為他們有他們自己的思想。

你可以供他們的身體以安居之所，卻不可錮範他們的靈魂，

因為他們的靈魂居住的明日之屋，甚至在你的夢中你亦無法探訪。

你可以奮力以求與他們相像，但不要設法使他們肖似你。
因為生命不能回溯，也不滯戀昨日。
你是一具弓，你的子女好比有生命的箭藉你而送向前方。
射手看見了在無限的路徑上的標記，而用祂的膂力彎曲了你，
以使祂的箭射得快而且遠。
愉快的屈服在祂的手中吧；
因為正如祂愛那飛馳的箭，同樣祂也愛強固的弓。
——〈孩子篇〉，《先知》，紀伯倫著（節錄自純文學出版社出版之《先知》，王季慶譯）

我想著，當我們發現孩子不能如預期的成長，不能如我們所願時，我們所能做的是什麼呢？

陪伴他，尊重他，包容他，引導他。

個體是獨立的，尊重他的成長意願，明白他的需求，然後才能對症下藥，解決問題。

卷四

等待，看見更多風景

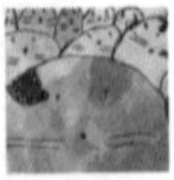

仔細看了孩子掌中的水泡，我心裡萬分震驚。
我想了想，轉身跟琪爸爸說，
「請你馬上帶妙妙去看醫生。我想應該不是水痘……」

腸病毒，不要來

特別連續兩天留意琪，總覺得這孩子不對勁。活潑的妙妙，不僅活動力變差，胃口不佳，連情緒也不甚穩定，很容易就發脾氣，甚至哭鬧。

檢查發燒症狀，沒有；看看是否有感冒，疑似；徵詢家長孩子在家狀況，家長也說一切如常，但是連著兩天的狀況不佳，讓我跟君君老師擔心極了。

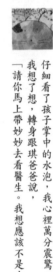

持續觀察，我們臆測著，這孩子到底怎麼了。

孩子異常的行為與變化，在觀察、確認兩天後，我們決定今天要更確實的向爸爸媽媽問明白，提醒他們留意妙妙的狀況。

問了來接孩子的父親。在更深入的查問後，爸爸竟然輕描淡寫的說，這孩子可能是得了「水痘」！

「水痘？」我跟君君老師幾乎同時大聲驚呼。

我猜想我跟君君老師的表情一定超級震驚，因為琪的爸爸一見到我們的反應，原本不太在意的他，表情也跟著緊張起來。

他忙不迭地解釋，「不過我看她似乎還好啦！」

「是嗎？」我說著，「有長水泡嗎？長在哪裡？」

我一邊搜尋孩子的手足、脖子，一邊頭腦裡轉著，回憶這孩子這兩天的狀況。

「孩子長水痘，身上會有水泡，而且也會發癢，最重要的是，大多數都可能會有發燒的現象。」一邊看著孩子，腦海裡一邊閃過這樣的字眼。

一旁的君君老師也趕忙拉起孩子的衣服，檢查孩子背部是否有任何的疑似水泡。

水痘是孩子常見的傳染病，依規定絕對是要在家休息，不能來校的。

我跟君君老師都沒有發現到任何水泡，而且令人疑惑的是，妙妙並沒有出現抓癢的現象。

「你確定嗎？有看過醫師嗎？」我忍不住問妙妙的爸爸。「如果是水痘，水泡是會發癢的。我們並沒有見到水泡，也沒看到孩子抓癢，而且她也沒有發燒啊！」

「我不確定啦！」大概是看到老師緊張的模樣，他自己也不太好意思。

他抓了抓頭，突然伸手將琪的手翻了過來。一顆大水泡赫然在目，原來水泡藏在孩子的手掌心底部，被衣服遮住了，難怪我們都檢查不到。

「是這個啦，我是在想可能是水痘啦。」妙妙爸爸說。

仔細看了孩子掌中的水泡，我心裡萬分震驚。

我想了想，轉身跟妙妙爸爸說，「請你馬上帶妙妙去看醫生。我想應該不是水痘，有可能是腸病毒……」

幼兒園，最重要的一環

幼兒園裡，**衛生教保是最重要的照護幼兒一環**。

孩子年紀小，抵抗力也較差，因此在維護孩子的健康上，我們的要求其實會比較高。

因為通常只要一個幼兒生病，幾乎很快就會在班級中發生所謂的群聚傳染現象。

因此許多特定的幼兒傳染病，在發現初期，幼兒園大都會要求家長帶回孩子，強制在家休息，等到完全康復後才能來園。

雖然很清楚這樣的處理方式可能會造成上班家長的困擾，但如果要避免疫情蔓延，不讓其他幼兒也跟著遭殃，這樣的方式其實是最有效，而且是最保險的。

送走妙妙，並等待所有孩子放學後，我跟君君老師回到教室，再一次進行大掃除。雖然中午才剛做過消毒工作，但是為鄭重起見，擔心可能是腸病毒，我們還是再做一次消毒。

教室內外都用消毒專用的藥水噴灑，重新擦拭桌椅和門窗把手。我一邊工作，一邊擔憂。

不得不停課

隔天，妙妙爸爸來電，琪果然是得到了腸病毒。

當下馬上聯繫通報健康中心，也馬上跟妙妙爸爸確認發病時間，好了解狀況。

最重要的是，提醒他務必讓孩子在家休息至少十天。在痊癒後，也要醫師確認可以上學了，才可以來學校。

我們再三叮嚀家長，也暗自擔憂，也許會開始出現連鎖效應。於是將孩子喚來一一檢查著，看孩子有沒有嘴巴痛、嘴破的現象，檢查手腳是否有細微紅點與水泡出現，看看孩子是否有發燒，確認孩子的健康情形。

腸病毒的威力驚人，傳染力強，潛伏期也長。就是因為在潛伏期也會有傳染的威力，才讓老師們深感畏懼。通常在班上，如果有一位孩子生病，那其他的孩子得到的機率也會提高，尤其腸病毒的種類繁多，其中以71型最為嚴重。得過的孩子後遺症不少，因此讓老師們聞腸色變，必須大大的提防。

平常除了固定每週要做的消毒工作，隔兩週就要求孩子必須將睡袋、牙刷與漱口杯帶回清洗，每日使用的抹布也都是拋棄型的，大約使用兩三天就可拋棄，避免抹布孳生細菌，也可減少疾病的傳染。

事實上，在採用這樣的清潔、衛生方式後，孩子生病的情況的確是減少了，但是如果遇到威力強大的病菌，許多的預防措施還是會有破功的地方。尤其當家長無法配合時，通常傳染力會更驚人。

連著幾天，班上有孩子陸陸續續出現了腸病毒的基本症狀，嘴巴破洞、手足水泡、食慾不振、輕微發燒，因此依照規定，一個班級裡有兩個孩子出現腸病毒症狀，並確診時，必須立即通報停課。

小太陽班就這樣停課了。

停課期間，不是休息的時光，必須持續通報健康中心，持續做清潔工作，將所有的玩具、書籍、桌椅都做好消毒，依然要每天打電話給家長，詢問孩子的健康情形，掌握孩子與家長的狀況，並隨時與護士阿姨做聯繫，告知班級情形。

發現孩子生病之初，我們即發下通知單，告知家長班上有這樣的情形發生，請家長們配合留意自己的孩子。

如有異樣，請隨時告訴老師孩子的狀況，也必須詳細告知家長，什麼是腸病毒，班上的因應措施及家長可做的配合事項。

我相信，**對家長來說，學校誠實以告，不僅是一種負責任的表現，也會是一種相互信任的建立。**我們相信多數家長可以體諒並配合學校，相信他們能夠感受到我們愛護孩子的心意。

學校與家長的互信互重

因此在這次事件中，我更能感受到，學校與家長之間的互信互重，在班級經營中，的確是一件很重要的工作。畢竟能見到孩子們健康的回來上課，是一件讓人開心的事。

雖然那幾天，我們幾乎每天都是忙翻累壞了。

忙著清潔教室環境與玩具，所有孩子用過的都要一一消毒，忙著打電話通知家長，掌握孩子的狀況，忙著聯繫健康行政系統，配合他們掌握班級情形。

我想，對老師來說，在班級教學與行政事務的工作外，這些額外的衛生保健工作，分量其實都不輕啊！

雖然其實身體都已經累到不堪了，但是我們還是這樣做過來了，回頭展望，真是不可思議。孩子休息的那幾天，偷空為孩子在教室內外額外布置了小花園和新設角落，期待他們來上課見到時，會有意外的驚喜。

果然當孩子見到新布置的小花園和不一樣的教室布置時，他們開心的大叫著，哇！好漂亮喔！

我知道，他們又更喜歡上學了。

孩子們對阿憲的尿床有些排斥，阿憲有次就哭了。「每個人都會尿床啊！我小時候也會，可是慢慢長大，多練習幾次後，就不會了。」我對孩子說。「阿憲學得比較慢，我們應該要幫助他。」

阿憲的祕密

中亞波斯的舞曲旋律在空氣間流動著，公主與情人節奏明快的舞動旋轉著，時而跳躍輕揚，偶或流暢緩步的輕移。

這群孩子們化著大濃妝，男孩包著頭巾，女孩覆著薄紗，小小身軀在舞台上旋轉跳躍。

音樂流動的間奏裡，所有的波斯人都退場，轉而引入沉緩的樂音。這時，個頭較大的阿憲咚咚咚的翻著筋斗進場。

從這頭翻到那頭，再從那頭翻回這頭，然後很快的退場。

台下掌聲響起，阿憲這一翻真是翻得太好了。

阿憲轉頭看我，比著勝利手勢，咧嘴笑著。

這是學校為了聖誕晚會而安排的節目。

賦予重任

對幼兒園來說，聖誕節是大節日，等同於要給家長的另類成果發表會。為了聖誕節的表演，許多課程幾乎停擺，所有的活動都因為要做表演的練習而調整了時間作息，但最讓自己跌破眼鏡的是，舞蹈老師要求的表演裡，小男生必須能抱起小女生。

「要小男生抱起小女生？」第一次聽到指示的我，愣愣的問。

這跟自己所學與理解的完全不同，我油然生出不可思議的情緒。

「就是女孩子必須跳起來，讓男孩子將她抱起，然後做出定格動作。」老師認真的解釋。

「可是他們才上幼稚園耶……」我略帶遲疑的說。

「放心，一定練得成。我對孩子有信心。」舞蹈老師信心滿滿的說。

「噢！」

「別擔心啦！反正讓孩子練練看，練不起來的話再說。」老師笑著的臉上很堅定。

我點了點頭。

「找個頭比較大的小男生，還有小女生要嬌小、伶俐一點，這樣舞台效果會比較好。」舞蹈老師說。

舞蹈老師的交代不能忘，回到教室後，我按下音響的按鍵，讓波斯舞曲的音樂流瀉而出。輕快又充滿中亞風的旋律，在小小的教室裡流竄著。

我開始想著，有哪些孩子符合舞蹈老師的要求呢？

小女孩沒問題。班上女孩多，而且都還滿伶俐的，小文、阿玲和小麗都很適合。倒是小男生，要有力氣，還要穩定度夠。嗯，這真是一大難題。

班上男孩不多，只有六個。其中塊頭較大、比較適合的是阿憲，可是阿憲穩定度不是很好，而且又比較好動，要讓他試試嗎？

我左思右想了很久，最後決定，還是讓阿憲試試看好了。

「手指的動作要優雅，不要僵硬，配合旋律時的腳要輕輕踮起腳尖。」舞蹈老師一邊示範，一邊說著。

孩子揮著汗，在悶熱的舞台上跳著、轉著，重複著老師剛剛的動作。

雖然已經十一月初，但是天氣依然酷熱，秋老虎不放過任何可以現身的機會。

舞蹈老師是位非常認真而專業的老師，對孩子的學習力有著強烈的信心。她認為每個孩子都能做到，重點是只要願意，學習都不會有問題。面對比較容易有狀況的阿憲，她也同意讓阿憲試試。

小臉蛋淨是汗水

舞蹈老師優雅、俐落的指揮孩子，孩子按照她的指示舞著。個頭較大的阿憲，總會有一兩次的狀況外。想起園長一再的交代，孩子的演出一定要完美。

「這樣家長來看表演才會滿意。」園長振振有詞的下了結論。

儘管我們被要求要完美，不過孩子哪有絕對完美的，所以我還是決定先讓阿憲試試雙人舞，不行的話再說。

孩子們小小的臉蛋上淨是汗水，秋老虎威力不減，悶熱讓孩子的注意力完全無法集中。阿憲受到的影響最明顯，不僅動作不確實。搖來動去的他，明顯的跟其他孩子動得不一樣。他嬉鬧的聲音也較往日響亮了些。

雙人舞蹈重複了好幾次，阿憲不安定的舉止讓跟他搭檔的小女生怎樣也配合不上，兩個孩子在台上竟開始吵起架來。我接連的制止了幾次。

舞蹈老師發覺到這情形，先是輕聲提醒阿憲，直到後來實在也忍不住了。

「喂！演海盜的小男生，對，就是你，阿憲！……」舞蹈老師吼著，「注意！」

一聽到老師突然響亮的吼聲，原本就不甚專心的阿憲眼裡露出困惑。小海盜瞬間成了木頭人，我趕緊上台將他帶下。

阿憲愣愣的被我牽著手下台，原本就瞇瞇眼的眼睛，這時變得更加瞇瞇眼了。

「阿憲，你怎麼了？」我微微大聲的說，「你今天很不專心喔！」

「喔……」阿憲張大著嘴，搔搔頭，靦腆的說，「我也不知道。」

我讓阿憲喝了口水。自己也調整了呼吸，讓情緒緩和下來。

醫生的診斷

剛升上大班的學期初，阿憲的媽媽帶他去看醫生。

「我鄰居一直建議我要帶阿憲去！」阿憲媽媽說。

因為阿憲的鄰居說阿憲太調皮，一定要讓醫生檢查一下才好。

也難怪，阿憲好奇心強烈，看見什麼都一定要碰一下，所以很常打破東西；阿憲又老是心不在焉，所以常碰撞到他人，很容易跟小朋友起衝突；阿憲算術也老是粗心大意，總是數字跳來跳去，好像在舞蹈；阿憲喜歡聽故事，但是說出來的故事跟聽到的故事總是有落差，都被他重新改編了；跟阿憲說話後，再問他同樣的話，阿憲老是不對題，不知頭腦在想些什麼；這阿憲啊，的確是應該給醫生好好診治一下。

但是，我總覺得有什麼地方不對勁，卻又說不出口。

阿憲看醫生後的某一天，阿憲媽媽來找我。

醫生診斷出阿憲有「注意力不足缺陷症」，也就是俗稱的「過動」。

「過動？」我當時的表情一定是震驚到下巴都要掉了。

我一直不覺得阿憲會是過動兒。

「你確定嗎？」我問。

「醫生就是這樣說啊！」阿憲媽媽雙手一攤，「醫生還說要吃藥啦，這樣阿憲的情形會比較改善，比較不會太調皮。」

「是什麼藥啊？」我好奇的問。

「好像是興奮劑之類的吧！」阿憲媽媽歪著頭，想了好一會兒。

就這樣，這學期的阿憲開始吃藥，治療他的過動症狀。

過於安靜的孩子

剛開始，吃藥後的阿憲安靜得不得了，也乖得不得了，但是這樣的安靜卻讓我擔心極了，然而這是醫生交代的，必須遵守指示才行。

細細回想以前還沒吃藥的阿憲，調皮歸調皮，其實也沒有調皮到讓我完全無法掌控，只是我必須隨時帶著他。

我察覺阿憲還不能完全控制自己的情緒，對事物的理解度也不甚伶俐。讓他跟著我，除了減少他跟孩子們衝突的機會外，也隨時提醒他注意自己的動作。

但是我依然沒想過阿憲是「過動」，我單純的認為小男生調皮是天經地義的。阿憲還小，有待學習。這樣的想法一直持續到阿憲的媽媽帶阿憲去看醫生。

波斯舞曲的樂音再度響起。

「老師！」舞蹈老師喚我，我回過神。

「我看，換個孩子好了。」她說，「我讓他演別的吧，這個角色就換另一個孩子……」

我點了點頭。

「讓阿憲跟另一個孩子交換演出吧！」舞蹈老師最後這樣說。

「好吧！」我回答。

舞蹈老師開始調整孩子的角色，我知道她盡力的調整步調，讓表演的節奏流暢。

不是捉迷藏啊！

看著台上揮汗如雨的老師和孩子，我腦海裡不自覺地浮現中班時的阿憲，當時我得帶他們去游泳池上課。

因為阿憲是班上最調皮，也最無厘頭的，應該是說，阿憲的狀況總是比其他孩子多，因此我只得額外的緊盯著阿憲，要求阿憲必須跟著我一起行動。

不過還是有不能一起行動的時候，因為班上只有我一個老師，因此到泳池更衣時，我必須先將孩子交給游泳老師和陪同的行政老師幫忙看顧後，才能偷最短的時間更衣，跟孩子一起下水游泳。

中班的阿憲找不到我，跑到更衣室一間一間的敲門。

「老師媽咪！老師媽咪！」阿憲一間一間的敲門，一邊大喊著。

「阿憲，不要敲啦！」我紅著臉，匆忙的換上泳衣，得趁他找到我之前完成更衣。

「我好了就出去。阿憲乖，等我一下。」隔著門，我大聲說著。

「喔……」阿憲聽話的不再敲門，我以為他安靜了。

十秒後，一陣開心的歡呼傳出。

「嘿！找到你了！」阿憲小小的頭從門縫裡探進來。雙眼笑咪咪的，骨碌碌的黑眸閃耀著。

這更衣室的門縫是很大，孩子小小的頭的確很好探進來，阿憲的表情好像抓到獵物般開心。

倒是我，嚇了好大一跳。

開了門，我忍不住念他。

「不乖啊！你要把老師嚇死了！這樣很沒禮貌啊！」一邊卻又偷偷慶幸，還好我已經更衣完畢。

阿憲憨憨的笑著，天真的抓著我的手。

「誰叫你要跟我玩捉迷藏！」他嚷嚷。

多練習幾次

中班的阿憲純真的模樣，任誰也看不出他是過動兒，只會覺得他不過是較一般孩子頑皮罷了。

但現在課堂上的阿憲實在太安靜了，讓人誤以為他真的生病了。

我將阿憲在學校的情形跟媽媽說。請媽媽下次帶阿憲複診時，將這樣的情形告訴醫生。

媽媽也擔心得不得了。

他說，阿憲在家也變得好安靜。奇怪，醫生明明說那是興奮劑……

「請醫生再重新檢查一次吧！」我說。

那晚，她馬上掛號帶阿憲回診。

「醫生說藥量要減半。」阿憲媽媽第二天告訴我。

於是阿憲的藥量改變。情形稍稍減緩，比較沒那麼安靜，但也沒那麼吵鬧調皮了。

我開始有點懷念那個吵鬧頑皮的阿憲。

阿憲有個祕密，不過這也是班上大家都知道的公開的祕密，那就是尿床。

小班時的阿憲都會帶一包被子來上學，再帶一包被子回家去，因為阿憲中午會尿床。

到了中班，阿憲來到班上，我想讓阿憲改掉這習慣。

「固定時間叫他起床尿尿，看看會不會改善一些？」我跟阿憲媽媽商量著。

阿憲不僅在學校尿床，回家的晚上也會尿床，媽媽每天都要洗兩件被單。

我開始每天在他午睡半小時後，就固定叫他起床上廁所。

除此之外，也開始留意阿憲的飲食。不吃瓜類的水果，稍稍限制阿憲生活裡的飲食，這也是跟阿憲媽媽商量後的決定。

「阿憲來！」舞蹈老師大聲叫阿憲。

坐在椅子上的阿憲原本將椅子搖來晃去的，一聽到老師喚他，趕忙跳起來，一副解脫了的表情。

「阿憲，你負責從這裡翻到這裡……」舞蹈老師開始交付阿憲另一個任務。剛剛解除完他跟小女孩雙人對舞的任務，現在舞蹈老師要賦予阿憲新的工作，讓阿憲自己跳自己的舞。

我心裡想著，舞蹈老師不愧是有經驗的老師，真是聰明的做法。

阿憲這次理解了，他開心的在舞台上蹦跳，演一個翻筋斗的海盜。

他翻過來又翻過去，狀況非常好，跟剛剛跳雙人對舞的表情完全不一樣。

孩子們一起幫阿憲

我想起中班時的阿憲尿床的情形持續了半學期，才終於有些改善。

他不再每天帶被子，變成兩三天才帶一次。嗯，也是一種進步。

「阿憲進步了。」我對孩子們說。「你們也進步了，因為都會幫忙阿憲，提醒他上廁所，真的很棒。」

其實孩子們原本對阿憲的尿床會有些排斥，有些甚至會取笑他。阿憲有次就委屈的哭了。

「每個人都會尿床啊！我小時候也會，可是慢慢長大，多練習幾次後就不會了。」我對孩子說。「阿憲學得比較慢，我們應該要幫助他。」

孩子不再笑阿憲了，中班的阿憲的確減少了尿床的情形，而現在大班的他越來越棒，再也不用每天搬被子了。

「阿憲，你已經長大了，不用再當搬運工了喔！」我笑他。

他害羞又驕傲的笑著。改掉尿床的習慣後，阿憲變得有自信多了。

現在，這位孩子要演一個很厲害、會翻筋斗的海盜！

阿憲，真是要得！

表演這天的舞台上，公主和王子流暢的舞著，波斯市場裡的商人越來越忙碌。一個間奏，公主跳進王子的懷裡，定格揮手時，阿憲的身影出現了。

幾個筋斗後，阿憲也定格在老師指定的位置裡，其實那裡早就畫好圈圈提醒阿憲了。

台上的小小波斯人定格揮手著，台下掌聲如雷響起。

當阿憲轉頭看著我笑時，我正用力鼓掌著，心裡想，「阿憲，好樣的！」

「他帶了一顆仙桃來學校，你知道嗎？」我們問。
「那是我家種的啦！他說要帶來送老師，說是最大顆的。」
孩子父親臉上漾著大大的笑容，用台語大剌剌的說著。

最棒的禮物

我看見他偷偷的將那黃澄澄的大仙桃放在老師的工作櫃上。

慧黠漆黑的大眼珠轉啊轉的，偷偷的瞄著正招呼著孩子上學的老師們。

我跟君君老師互看了一眼，心裡好笑著，但不動聲色。

「為什麼帶水果來學校？」君君老師問著。

他微揚的嘴角蕩著笑意。「要給老師的。」他用著小小聲的音量回答。

「不行喔，不可以隨便從家裡拿水果來給老師。」我回答，「爸爸有說好嗎？」

他搖搖頭，大大的眼睛看著老師，依然是笑意滿滿的小臉。

「沒有跟爸爸說，不可以隨便從家裡帶水果來，知道嗎？」我說。

他點了點頭。「知道。」他聽話的回答。

「那先放這裡，放學時再帶回去，要記得喔。」

他乖巧的點了點頭，蹦蹦跳跳的回到座位，做自己的工作。

那顆大仙桃，隨意的用舊塑膠袋包著，靜靜的被放置在教室的工作櫃一角。經過時，我不經意的望著。走回時，我又看著，很久沒見過這樣大的仙桃了。腦海裡不由浮現出《西遊記》孫猴子偷桃的畫面，只是《西遊記》裡孫猴子自己將仙桃吃光光，而這孩子卻是將仙桃送來給老師。想著想著，忍不住便笑了起來。望向角落裡遊戲的孩子。他伶俐地在孩子群裡穿梭遊戲的身影，讓我憶起第一次與他相見的情形。

用慢慢的態度，等待

躲在父親身後的他，用著大而清澈的雙眸望著我們，眼底帶著陌生與恐懼。

許是不曾與外界有過多繁瑣的接觸，如電視機或電腦等，有著單純如白紙般的心思的他，雖調皮卻不失天真，純潔得讓人喜愛與心疼。

來自單親、外配、低收等多重弱勢家庭條件的他，因為文化刺激不足，以及生活經驗的缺乏，讓未曾上學的他在學習與認知的能力上，的確是較一般同齡孩子晚許多，但是我們看得出來，他有想要融入團體以及與同伴相處的強烈意願。

他很努力的和孩子們遊戲、交談，也很認真的學習別人，模仿他人的動作。

他的努力讓我們對他有著期待，期待他成熟與開竅的那日來到。

我決定用慢慢的態度，等待他，等待他的時機成熟。

不厭其煩的引導

剛來到班上的他，總是安安靜靜的。跟他說話，他從不回答，於是我們要求他，一字一句的跟著我們複誦，來回答我們。

我們也隨時找機會與他做簡單的對話，鼓勵他開口，這樣的努力，讓我們之間開始有了一些交集。

不純然是因為學習的對話，有時僅只是為對話而對話。

「有沒有吃飽飯？」午餐用畢，我這樣問他。

他瞪著大眼看著我們，就像我是從外太空來的太空鴨，問了一個蠢問題。

「老師是問你吃飽沒？」看到他的眼神，我趕緊再用台語說一次，唯恐他聽不懂。

他又瞪大眼看著我，沒有回答。眼睛像兩顆亮晶晶的星星定定地看著我，讓我覺得自己似乎又問了第二個蠢問題。

「我是說你吃飽沒？呃，如果你吃飽了，就跟老師說，吃飽了。」我說，「聽懂嗎？說吃飽了，會嗎？」

「吃飽了。」他低聲的複誦著。嗯，他聽懂了。

「對啦！」我大聲的稱讚喝采，「就是要這樣回答啦！」

他的表情豁然開朗，似乎也鬆了一口氣。

每天每天，我們總要上演幾次這樣的戲碼，跟他不厭其煩的對話著。**半強迫半要求他，要回答問題，要主動說話。**

幾次下來，他明白了，也漸漸的會開口回應，但是更多時候的他，會以肢體動作來表達他的需求，這讓我們也更加的要求他，除了用肢體表達外，一定要用嘴巴說話回應。

詢問他的家人，知道這孩子是可以說話的，也明白原來在家的聒噪尚未帶來學校，我們曉得時間會是我們最重要的解決問題方法。

也許他需要更多的時間來熟悉我們。我這樣想著。

於是，我們就這樣使用鼓勵複述語言的模式，和他進行對話與應答。當然偶爾他也會有不開心回答的時候，這時他便理也不理我們。

複製家中的情緒反應

有一天，近中午的時刻，他滿臉不開心的表情，問他什麼也不說。

小聲問，大聲問，他通通不理會。

他淚眼汪汪的，一個勁兒的躺在地板上拗著情緒。踢腳踢桌踢椅，讓教室裡的一群大小孩子與老師看得目瞪口呆，只得趕緊抓著他，制止他，避免他受傷。

忙亂中我想到，也許孩子是不舒服不會講，趕忙摸摸他的額頭，拿來體溫計。

一邊抓著他，一邊量體溫，果然是發高燒。

在安撫孩子聯繫家長之後才明白，原來當他在家不舒服時，也是這樣的情緒反應。

這該算是好事，還是壞事呢？

孩子不會說，不懂說，就容易誤事。我想，這樣不行，等他好些，一定要好好的再跟他說。

過了兩天，再度回到學校的他，在請來跟老師對話後，似乎比較明白了，不舒服時可以跟老師說，而且是要這樣的說，「老師，我不舒服。」我們要他跟著複誦三次。

跟孩子相處，其實很有意思。

他們開心時，全世界都是他們的朋友；他們不開心時，全世界都不了解他們。不開心的他們會因為我們不懂他們，或鬧情緒、或耍賴、或哭叫、或沉默。用盡各種方式來告訴我們，但就是不願開口跟你說。

原因之一是他們還不懂得怎麼描述自己的不舒服，原因之二是我們還不夠懂他們。

因此在初識時，我們都在互相摸索試探，想知道彼此的界線，想了解彼此的心意。當感覺相通，心意夠了解時，孩子會給我們最直接的喜愛與不喜愛，也會直接表達他們的需求與心意。

我在孩子身上，看見人類最原始的天真。

所有的孩子都會用自己的身體與表情來告訴我們，當他們在語言上未能完全表達時，會用這樣的方式表達他們的感受、他們的心情，還有他們的情緒。

就這樣的，在相互認識彼此一學期後，他跟我們的關係有了不一樣的變化。

上台開心領獎

再度開學的上午，他來到學校門口，「老師早！」簡短有力的音量，將老師嚇了好大一跳。

回頭一望，小小臉蛋上堆滿著笑意。

過了一個寒假，他的進步真的是有目共睹。

也許是因為接受感統治療的關係。他的進步與成熟，讓我們都感動不已。

回想起上學期當社工人員接受我們的通報來到時，第一次見到他的她們，表情是不可思議的。

那天，他才剛上台領了他生平第一個獎項──畫畫優良的獎品。

我請他展示給社工阿姨看。社工阿姨頻頻稱讚著，也訝異著。她們說，這樣極弱勢家庭的孩子，竟不曾被她們發現到，如果不是因為來上學，如果不是因為接受了學齡前幼兒篩檢的服務，也許我們都不會注意到有這樣需要被協助幫忙的孩子與家庭。

跟社工人員對話後，我感觸良深。

根據內政部統計資料顯示，截至二〇一〇年六月止，低收入戶計有十萬七千九百七十戶、二十六萬三千九百二十五人，分別較二〇〇九年同期的九萬八千三百五十九戶、二十三萬七千七百八十人，增加了百分之九點七七、百分之十一；低收入戶占總戶數比率為百分之一點三七、低收入戶人口占總人口數比率為百分之一點一四，亦分別較二〇〇九年同期增加零點一及零點一一個百分點。

這樣的家庭越來越多，孩子的能力也有逐漸拉大差距的現象。好的很好，差的極差。每每遇到這樣的情形，總要絞盡腦汁，想盡辦法，鼓勵孩子之間不能有貧富的歧見，鼓勵孩子要努力學習，對他們需多一點關懷，多一些關注。

也讓孩子知道，家庭經濟不會是評斷孩子能力的唯一條件，那只是因素之一。重要的是要自己努力爬起。

在職場上，我常遇見這樣的家庭。

政府除了提供「免學費計畫」協助需協助的家庭外，也另外針對兒童發展提供學齡前幼兒篩檢的工作，由老師和社工人員協助把關。經由這些歷程，幫助需要幫助的弱勢孩子們，也讓他們有機會透過協助，獲得該有的幫助。

鼓勵孩子的父親

在為孩子做過篩檢後，我們也與孩子的父親聯繫，將相關資料與訊息提供給他。交談完畢，我特意的交代孩子父親。

「如果社工人員跟你聯繫，你一定要配合，不要擔心費用的問題。我知道你很擔心，但是政府會幫你解決的。如果你有疑慮，就記得跟老師說，也記得跟社工人員說，大家能幫忙，都會盡量幫忙，但是你自己也要加油。孩子都這樣努力了，你自己也要加油。」我說。

孩子父親頻頻點頭。我想，他應該是懂了。

評鑑訪視的那天，委員們巧遇了他。

教室的孩子都外出遊戲去了，只剩他剛好從醫院接受治療回來，於是委員們請他為他們做教室裡的介紹。

想不到他做得極好，一一的介紹角落裡的物品，還玩起教室一角的昆蟲大富翁，示範給評審的委員們看。

我看著他，心裡高興著。

我別過頭，不想讓感動的心情被發現。

他進步了，他長大了，他開竅了。

我想，這是身為教師最開心的一刻。

下午回家時，孩子的父親來接他。

「他帶了一顆仙桃來學校，你知道嗎？」我們問。

「那是我家種的啦！他說要帶來送給老師，說是最大顆的，所以就讓他帶來了。」孩子父親臉上漾著大大的笑容。

「是喔，我們還以為他自己帶來的，還叫他下午要帶回家呢！」我們笑著。

孩子臉上的笑容開朗得像閃耀的陽光。這是他第一次送老師的禮物，一顆大大的仙桃。

將仙桃的塑膠袋掀起，豔黃的果皮閃亮亮的，耀眼得讓人幾乎睜不開眼。

我想起《西遊記》裡的孫猴子，他吃掉的仙桃，哪及得上這樣一顆愛心滿滿的仙桃？

孩子的愛心，孩子的喜愛，灌注在這顆大大的仙桃裡。

我想著，笑著，也忍不住感動著。

這是我這輩子接受過最棒的禮物，一顆亮眼的大仙桃，比孫悟空的仙桃還要讚。

我已經連續三天都無法找到媽媽和孩子，
甚至連電話都打不通，留了語音信箱也沒有回應。
我決定追蹤到他隔壁鄉鎮的阿嬤家。

追追追

今天阿和又沒來上課了。

三天打魚兩天曬網的他，其實讓我們都很擔心。

不僅是因為家庭的狀況不佳，需要關懷。這孩子在學習上也有很多需要幫忙的地方。

他的緩慢需要更多時間的協助，也讓我們總是很介意。

很希望他的母親可以每天都規規矩矩的讓他來上課，因此只要他沒來，我們就一定電話追蹤到底。

剛開始沒來時，媽媽還會自動打電話請假。如果沒打電話，在我們打去後，她也都能趕快帶著孩子來上學。

但是每次打電話去追蹤沒有準時上學的原因不外乎是，今天媽媽頭暈，無法送小孩上學，不然就是孩子不舒服，無法上學。但我們還是很客氣的請她讓孩子準時來上學，不要錯過在學校學習的時光。

擔心孩子的安全

其實這樣的追蹤上學，並不完全是為了招生，擔心孩子跑掉，最重要的是因為擔心孩子的安全。

面對弱勢家庭的孩子，我總會特別注意孩子到校的作息是否正常，如此才能確保孩子在家的安全度是完善的。

雖然這樣的追蹤其實很耗費時間，但為了孩子著想，我們依然堅持著。

常常，阿和的媽媽只要帶著阿和來上學，就會開始對著我們抱怨，最近她領不到補助款，或是申請不到醫療證明……等等。我們總是會耐著性子聽她抱怨，或是安慰她，日子雖然辛苦，還是要勇敢過下去。

有時他不來學校，也不打電話，我們只好在語音信箱裡留話。但當孩子開始有一天沒一天的上學，頻率日益增加，我們的擔憂也逐漸加深。

直到這一天，我已經連續三天都無法找到媽媽和孩子，甚至連電話都打不通，留了語音信箱也沒有回應。

我決定追蹤到他隔壁鄉鎮的阿嬤家。

因為沒見到孩子，又不知道原因，怎麼樣都無法安心。

撥通電話的那一瞬間，我有一種鬆口氣的感覺。

「阿嬤，我是阿和的老師，他已經三天沒來學校！家裡電話都沒人接，他媽媽有和你聯絡嗎？你有沒有辦法和他媽媽聯絡上？」對著電話，擔憂老人重聽，我大聲的說著。

「啊，老師喔，她都沒打電話來。怎麼了？」阿嬤在電話那頭也吼著。

老人家的耳朵不太好，講電話總是要大聲點。

「我也不曉得！」我也吼著。「電話沒人接，阿和也沒來，真讓人煩惱！」

我劈哩啪啦趕緊告訴阿嬤我們擔心的心情，和學校打了很多通電話都找不到人的擔憂。

「阿嬤，你要跟阿和的媽媽說，我們老師非常擔心！」

「好啦！」阿嬤也回吼著，「我看能不能找到她的人，再跟你說！」

「阿嬤，那就先謝謝你了！」

「沒啦！謝謝老師喔！」

掛掉電話，鬆了口氣的我，卻油然而生一種無力感。

憂心，卻也無力

今年對M型社會的改變有很深的體會，我感受到需要接受幫助的家庭與孩子增加了。貧富差距增大，教育水準的差距也增加，孩子之間的程度差異較往年來得明顯，然而最最明顯的是，父母表現在教養孩子的觀念與態度，由於社經地位的差異與生活水準的差別，讓不同家庭的父母所表現出的教養態度，有著相當明顯的差異。

關心孩子的過度關心，而不關心孩子的卻是漠不關心，這樣的情形讓在第一線的我們感到憂心，卻也無力。

因為擔心著阿和的情況，因此我一直詢問有什麼樣的管道可以幫助阿和。

國、中小學在處理孩子中輟問題時，有一個既定的程序，那就是假使孩子連續三天未到校，也未請假時，必須強制提報中輟，提請上級注意這樣的特殊家庭。但是學齡前的孩子並沒有如此的相關規定，理由是學齡前教育不屬於國民教育，因此並不納入這樣的規範裡。

這讓我有更加無力的感覺。

原來幼兒教育在當前國家教育政策中，還是屬於很弱勢、被忽略的一環。很不幸的，在幼教法中，似乎也沒有告訴幼教老師，當這樣的情形發生時，可以如何因應處理。

因此，當時的我只好將這樣的情形記錄在電話通訊紀錄與教學日誌裡，作為我們確實盡到追蹤幼兒的責任，以避免未來發生可能的憾事時，我們所能提具的依據。

這天中午，這位讓我們追蹤很久的阿和媽媽，才終於姍姍來電，也才讓我們懸掛已久的心情稍微放鬆。

但是，誰能保證每一次的追蹤都可以有回應與結果呢？

【後記】

多年後的今天，關於學齡前幼兒緊急狀況的通報已有比較完善的措施，緊急聯絡網的成立，較之過往已逐漸進步，但我期待可以再更好。因為適當而且正確的通報網絡，不僅可以保障教師，也是保障學齡前孩子與其家庭的好方法。

有良好的通報管道，可以大大減少高風險家庭可能會遇到的危機。尤其**當M型社會來臨，貧富差距擴大時，沒有自我保護能力的孩子，更需要我們去重視。**

我認為在先進的社會裡，必須更重視兒童的安全與福利。

對於弱勢家庭與孩子，我們能提供多少援助？能運用什麼樣的管道與方式？金錢是解決問題的唯一方法嗎？許許多多的問題，都非常需要被留意與討論，而非只是表象的「施行」措施，沒有落實到最該用心的基層。

在所謂「非義務教育」的學前教育中，當遇到幼兒連續多日未來校時，我們是否有像中小學一樣的安全完善的通報系統呢？答案是，並不盡然。也許就是因為不夠落實，因此當前有關幼兒受虐、家庭暴力的新聞，逐漸有日益增多的趨勢。

這是一種警訊，也是一種危機，但是我們是否有警覺到？我深感疑慮。

孩子成長的過程多變又難料，
教育引水人的工作，
註定要比港口引水人來得艱辛。

教育的引水人

引水人，他們是大船入港的領航英雄。

全世界的港口數以萬計，但是每個港口都有一個共同的需求，他們都需要好的引水人。

港口如果沒有這些引水人，船隻將無法順利入港。船隻無法順利入港，他們或將滯留港外，徘徊許久；也或將進入港內，卻因不熟悉地形海流，以致發生碰撞，甚至擱淺。

引水人的功能，並不僅止於此。

他們的工作具有高度風險，也需要相當的閱歷。

一個好的引水人，不僅可以導引迷航船隻，也可以減少發生公共危害的風險。其實關於教育，我們也需要好的引水人。

對於任何在教育過程中的可能狀況，都能適切的加以引導，走進正途。

孩子迷航時，能適切的伸出援手，給予協助，而非一味的指責謾罵。

孩子情緒需要有出口時，教育引水人更該給孩子引導，建立情緒的出口。

沒有人是十全十美的，即使是教育引水人，也須時時充實自我，隨時備戰。

人生若如港口，那就簡單許多。

因為水流變化，地形地貌，我們都能預先測量。熟悉地貌，事先防範，那船隻鐵定不會偏差。

然而人生恰恰不如港口，彎折崎嶇，變化多端，引誘與情緒交叉變化。

孩子成長的過程多變又難料，教育引水人的工作，註定要比港口引水人來得艱辛。

身為教育引水人，能不自省嗎？

當看見父母為了孩子的裝扮，花錢租衣，爭相比較時，
心裡不禁想，這就是裝扮遊戲的意義嗎？
這就是孩子進行萬聖節活動的目的嗎？

萬聖節是誰的節日？

台灣這幾年的幼兒園很流行過萬聖節，但是我的班級中沒有萬聖節。好像有點跟不上潮流，但是我依然不想跟上潮流，不是因為我不喜愛萬聖節，而是有一點想法在裡面。

我在網路上查到了一些有關萬聖節的由來資訊。介紹中提到，萬聖節就像是台灣的中元節一樣。我覺得這樣的說法其實挺有意思的。因為目前很多孩子並不明白什麼叫做中元節，他們甚至也不明白為什麼中元節要祭祖，要拜好兄弟。

民間習俗裡許多的年節故事，對我們的孩子來說，僅是考試的題目與答案。至於真實存在的意義為何，孩子們毫不關心。

那為什麼幼兒園會流行與國外一起過萬聖節呢？打扮成各式的模樣，到處討著糖果，然後唱著「不給糖，就搗蛋！」的孩子們，可愛又天真，總是令人喜愛。但是他們真的明白萬聖節的意義嗎？

許多幼兒園，尤其是標榜美語教學的學校，他們更加熱中強調萬聖節玩裝扮的遊戲課程，但是在設計這樣的課程中，學校想要表達的教學目標為何？教學意義為何？是我一直存在的疑惑。

順應家長的要求

若對這樣的議題提出質疑，他們總是回答，因為家長的要求，要順應家長的需求與虛榮，但我還是深感疑惑。

說實在的，我對節日並沒有任何偏見。我喜歡萬聖節可以玩「裝扮嚇人」的遊戲，因為可以光明正大的嚇唬嚇唬人家一下，是挺有趣的。

但是當看見父母為了孩子的裝扮，花錢租衣，爭相比較時，心裡不禁想，這就是裝扮遊戲的意義嗎？這就是孩子進行萬聖節活動的目的嗎？

國外的萬聖節，具有其歷史意義與信仰背景，有著感恩先祖與宗教信仰的意義存在，因此他們的孩子打扮成各種樣子。隨著時代的演變，將古時趕鬼的歷程加入趣味的元素，而成為今日孩子們不給糖就搗蛋的模式。

然而，我們確實了解這樣的意義嗎？還是只是一窩蜂的趕流行？商業化的宣傳與造勢，影響了我們的生活與認知，但我們可能是渾然不覺的。在給孩子過節、傳達訊息時，我們是否思考過，這樣的給予，有著什麼樣的意義？就像**在設計課程時，我們總會提醒自己，注意目標，才能確立方法，並從中設計評量。**

我們想提供給孩子的是什麼樣的訊息？

因此，過萬聖節節日的目標為何？是傳達一種生活態度嗎？那麼，在台灣有這樣的環境嗎？我想那是值得思考的。

說實話，我還是很喜歡萬聖節「給糖」的樂趣，但還是忍不住想提出疑問，萬聖節到底是誰的節日？

「不可以打人，就算沒睡飽，心情不好，也不可以打人。」
我平復了心情，
換了個語氣，逕自平靜的跟他說。

我的爸爸是流氓

「我爸爸是流氓喔！」他說。

雙手環抱著，一頭蓬鬆僨張的鬈髮，一雙桀驁不馴卻明亮的眼睛。

他抿著嘴，身上穿著髒污又有點發臭的衣服。很顯然的，這孩子昨天沒洗澡。

他站在我面前，我坐在小椅子上，正繃著一張臉，而他踩著三七步。

我定定的看著他，心裡想著，該如何跟他對話。

這是阿傑，這學期的新生。

跳八家將的六歲男孩

「叫我幹什麼？」阿傑說。

六歲的他對我用著流里流氣的口吻，我很確定，他使用的詞彙絕不是六歲孩子該會的。儘管我心裡暗暗驚懼，但依然著保持表面的鎮定，腦海裡不斷的翻騰，想著該怎麼跟他說話。

這是我初次來到的鄉下偏鄉學校。

開學第一週，他在教室裡跳起了八家將，一邊跳，一邊叫嚷。天真的孩子們圍觀著他，滿臉疑惑又羨慕的表情。

沒有鼓聲，阿傑跳得有模有樣，還不忘叫囂個兩句。

跳畢後，他洋洋得意的，用著自豪又略帶恐嚇的語氣告訴孩子。

「我們有一團，都很兇。你若不乖，他們就會來修理你們！」阿傑好大的口氣，想是每天接觸的人正是陣頭裡的弟兄們，因此表現出的態度也跟這些大哥小弟們一個樣。

這讓我對他產生好奇，開始格外的留意他。

從調整說話態度開始

我請他來跟我說話。我跟他說，這樣說話的態度不是很好，希望下次要改進。

「要你管。」阿傑瞪了我一眼，給了我一個白眼，他嚷著，「我爸爸是流氓喔！」

那瞬間我感到一陣憤怒襲來。

我揚起音調，生氣的說，「這是你應該對老師說話的態度嗎？」

阿傑沒見過我生氣，這時的他才稍稍收斂了一下，但我不想讓阿傑認為老師好欺負，於是對他說，「去罰站！」

老師的話不能不聽。

桀驁不馴的阿傑，乖乖的到牆邊去站著。

搭檔的易老師接手，換由她來跟阿傑對話，這是我們倆商量好的對策。

兩個老師輪流的處置孩子，針對孩子的狀況，一起做處理，而非個別的處置，畢竟是同班經營，還是要同心才好。

易老師跟阿傑對話後，我們倆討論了一下，決定對阿傑多一些觀察。

我也決定讓阿傑有機會來調整自己說話的態度，雖然心裡知道這並不是件容易的事。

下午阿嬤來接阿傑放學時，我將今天的情況跟阿嬤說。

我話才剛說完，阿嬤厚實的手立刻往阿傑頭上大力拍去，一邊大嗓門的喊著，「真糟耶！你趕快跟老師說對不起。回去跟你爸爸說，你會被揍扁！」

阿傑一副無辜的表情，直摸著自己的頭。

「不要打啦！」我說，「老師剛剛已經跟他說了，所以他知道啦。他是很聰明的小孩啊！」

阿嬤笑著點頭，一邊大聲回答，「多謝老師啦！」

阿傑皺眉低頭，小聲跟我說了對不起，然後跟阿嬤邊跑邊跳的離開了校園。

我看著阿傑跟阿嬤離去的身影，心裡有種說不出的滋味。

每天放學時，都是由阿傑的阿嬤來接孩子，但偶爾阿嬤會忘記來接孫子，原因不是因為工作忙碌，而是因為阿傑的阿嬤熱中四色牌。這祕密其實也是阿傑跟我說的。

當阿嬤忘記來接阿傑放學時，阿傑會提醒我打電話，不過偶爾他會跟我說，「不用打了啦！她去打牌了啦！」然後告訴我，他自己走回家就好。

通常我不會讓孩子在沒有家長交代的情況下，自己走路回家。我堅持要打電話請家人來接。

「老師啊！我沒空啦！」電話那頭的阿嬤正忙著，口氣不太好，「我叫他媽媽去接……」話沒說完，電話就掛掉了。

五分鐘後，媽媽騎著摩托車噗噗噗的，大剌剌直接進了校園。

有樣學樣

教室裡的狀況總是層出不窮，尤其在這新開設未有完整設備的教室裡，桌椅設備尚未到齊，就算是書籍、玩具，也都是我們從家裡搬來，先暫時給孩子用著。

除此之外，這一群孩子，野得讓人招架不住。一半的家庭來自弱勢，少數幾位的家長職業是不詳。

不詳是因為無職業，或者是待業，但也有那麼幾個孩子說，我的爸爸是流氓。

阿傑的父親正是如此，沒有工作，整天跟著陣頭的弟兄們混在一起，外配的太太為他生下阿傑。

阿嬤是家中的重心，但熱中四色牌與檳榔。印尼籍的媽媽是檳榔西施，阿傑除了跟著阿嬤和媽媽看賭博和賣檳榔外，也會跟著爸爸和爸爸的弟兄們一起出遊。

在這樣的環境裡長大，阿傑看起來就像個小小太保，也難怪說話的態度與口吻是這般的流里流氣。

有日午睡起來，整理被子時，一旁的孩子不小心撞到阿傑。尚未睡飽的阿傑動手打了那孩子，孩子哭了。

「你來。」我喚他。

他不開心的一腳將被子踢開，嘟著嘴，瞪著大眼。

我的情緒因為他踢開被子而被撩起微星怒火。

「請你將被子拿起來！」我說。

他聽見了，硬是不動。

「拿起來！」我大聲說。宏亮的聲音，連我自己都嚇一跳。

他這才心不甘情不願的拿起被子。

「你為什麼打人？」我問。

「我不高興。」他也回答得很直接。

「不高興就可以打人嗎？」我又問。

他遲疑了一會兒，昂起頭，像一隻蓄勢待發的鬥雞。

「我爸是流氓。你敢罵我，我就叫他來。」

我看著他，他看著我。

我想了一下，冷靜了一下情緒，沒說話。

易老師走過來，她接著說話了。

「如果不高興就可以打人，那好。我要打電話請爸爸來問問。」易老師說。

有那麼一刻，他的眼神軟化了一下，但又馬上硬起來。

「好啊！你有膽子就去叫。」

易老師不搭理他，我也不回答他。

以不變應萬變，是我們倆從跟他多次，儘管心裡暗暗驚懼中學來的。

「不可以打人，就算沒睡飽，心情不好，也不可以打人。」我平復了心情，換了個語氣，逕自平靜的跟他說，不管阿傑作何反應。

「請去跟小朋友說對不起，然後去摺被子。」

我決定先暫停，轉換一下情境。

這樣的一家人

跟易老師討論了一下，我們決定既然已經跟阿傑說要請爸爸來，那就一定要請爸爸來。

放學了，阿傑的爸爸真的來了，一臉油腔滑調的模樣。果然是父子，我心想。

跟孩子的爸爸說明了事情的經過，孩子的爸滿不在乎的說，「不好意思啦，我就是這樣，說話比較粗魯，孩子也跟著粗魯……」

「他說你是流氓啦，會打人啦，我跟他說不能這樣說。我覺得你要用心跟他說，免得他學些有的沒的……」易老師說。

他的父親露出笑容。

「好啦，我會跟他說。老師放心啦，我不會打老師啦！」

「我不會擔心這個，因為我知道大家都是為了孩子好嘛。」我說。

「老師，我知道啦！謝謝啦！」

他做作的一鞠躬。

離去的同時，我看著父子倆的背影並肩走著，腦海裡突然浮現上次阿嬤跟阿傑走著的身影。

突然爸爸一伸掌，往孩子的頭大力打去。

「你恐嚇老師，你要死啦！……」

阿傑放聲大哭的音量馬上響徹校園。

我當下一陣錯愕。

爸爸的動作跟阿嬤一模一樣，果然是一家人啊！

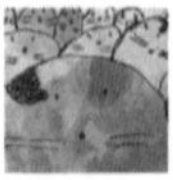

「我跟我爸爸一起看A片！你知道什麼叫A片嗎？」
他開始說著的表情，似乎認為這是件了不得的大事，
「爸爸跟我說，要長大就要看這個……」

跟爸爸一起看A片

教室裡的角落時間，孩子盡情地遊戲探索。易老師跟我在教室裡四處走動留意著，音樂在空氣間和緩地流動。

阿傑說，我要去上廁所。

我們答應了，阿傑咚咚咚的往門外跑去。

不一會兒，幾個小男孩也跟著說要上廁所，於是一群小男孩一起去上廁所。

五分鐘後，教務主任遠遠的在教室門外喊著。

棘手的問題

「漂亮老師們，出來一下，有事找啊！」

我跟易老師聽到了，兩人對看一眼，疑惑卻有默契的互相點了頭。

我走出門，「怎麼了？主任阿伯。」

鄉下學校人情味濃厚，同事彼此間的稱呼總會跟著孩子呼喚，不僅拉近跟孩子的距離，同事間也親切多了。

主任阿伯神祕的降低了音量，悄聲的說，「你們的小朋友在廁所裡談論A片啊，我去上廁所聽到了，不知道要怎麼處理，趕快先來跟你們說一聲。」

我瞪大眼睛聽著。噢，這可真是第一次遇到的狀況。

「主任，你確定？」

「就那個很會跳八家將的。」主任阿伯說。

我心知肚明，料到該是阿傑這孩子。

幾個上完廁所的孩子回到教室，大家紛紛回到自己的角落。我觀察了他一陣子，回到角落的他，開始搭建起積木高塔。

我低聲的跟易老師討論說明了一下。我們倆一致決定先不動聲色，再找機會和時間跟阿傑談談。

問題在家長

午飯後，趁著孩子收拾的時候，我跟阿傑聊起。

「你昨天晚上看電視看到很晚喔！」我拐了個彎，探探阿傑的口氣。

「對啊，跟我爸爸一起看電視。」阿傑沒有掩藏心情，直接明快的回答，還真是出乎我的意料。

「我跟我爸爸一起看A片！你知道什麼叫A片嗎？」他開始說著的表情，似乎認為這是件了不得的大事，「爸爸跟我說，要長大就要看這個……」

我無言的聽著，一時間不知該如何回應。

孩子小小黑黑的臉蛋上，稚氣猶存。這明明就還是個孩子，怎麼言語又成熟得有如大人一般。

我心裡沉下了一顆石頭，感覺第一次痛恨自己身為一位老師。

在那瞬間，我竟然不知道該如何跟孩子說話，也不知道該如何回應。

「老師，你怎麼知道我昨天很晚睡？」阿傑突然換了口氣，疑惑的問我，「你很厲害喔！」還不忘稱讚一下他口中很囉唆的老師。

「因為我是老師啊，所以我當然知道囉。」我決定不再追問。對孩子來說，持續追問反而會引起他更加好奇，還不如先轉移他的注意力，日後在課程中慢慢加入相關的討論。

「以後在家裡看電視不可以亂看，你看的這個還不適合你，這是大人看的。」我盡力讓口氣淡淡的。

「可是那是爸爸邀我看的。」他說。

「跟爸爸說太晚了，而且不適合你看。老師說要早點睡，才能早點起床，知道嗎？」我一邊說，一邊想，這孩子真的很需要督導啊！

沒再刻意追問，也不做特別處理，我決定這樣的問題用冷處理的方式解決。因為問題不在孩子，而在家長，過多的追問，只會給孩子帶來壓力與不悅。因為孩子不懂，而且也不明白，大人可以看的，為什麼孩子不能看。

「還有這種電視節目，不可以在外面跟別人說，因為那個節目不適合在外面說給別人聽，會讓人感覺不舒服與不禮貌。」我決定直接跟孩子說明感受的問題。「爸爸看的電視有些不適合你。你長大了，可以學習自己辨別。」

「為什麼不適合我？」

「有些節目是給大人看的，有些是給小朋友看的，像你說的A片就是給大人看的，但是『水果冰淇淋』就是給小朋友看的。不一樣的節目，有不一樣的觀眾，所以你看的這個節目並不適合你。我建議你不要看。」

我試著用可以讓孩子理解的說法，想讓孩子明白原因何在。

「可是爸爸叫我去，我不敢不去。」阿傑說。

「下次如果他再叫你去，你就說老師說這不適合我看，這樣他就不會叫你去了。」我說。

隱隱的心痛

我總覺得阿傑似懂非懂，而其實我並沒有很大的把握能用這樣的解釋讓阿傑了解。

教學的過程裡，我覺得最大的挑戰與無力感，通常是來自於部分的家庭教育與學校教育的不一致。

往往有些孩子在家庭裡所接收到的訊息，與在學校裡學到的價值觀是相互衝突的，這讓孩子無所適從，也增加了學校教育傳達給孩子正確訊息時的困難度。

阿傑是個聰明的孩子，有時我惋惜著他的家庭沒能給他更好的資源，光靠我們在學校的努力其實並不夠。

阿傑需要的是更正確的指引，也需要一個正向的模範引導。然而當時年輕的自己並未能完全體會，想來真有些可惜。

經過了這麼多年，每當我想起阿傑，依然會隱隱有著心痛的感覺。

花園記事

開學前，我一定先背下孩子的姓名。
孩子上學的前三天，
我會將所有孩子的臉孔與姓名全都連結上。

認識你，也認識我

開學前，我一定先背下孩子的姓名。

不管是十五個、二十個，或是三十個孩子。

每年孩子的人數雖都不同，但是我一定會先背下孩子的姓名，而且也強迫自己在孩子上學的前三天，將所有孩子的臉孔與姓名全都連結上。

當然也是要有一點方法，我一定會事先做好孩子的姓名卡牌，讓孩子來校的第一天，可以戴上自己的姓名卡，我也會戴上我自己的。

仔細觀察，孩子其實很可愛。

儘管上學的第一天，孩子們會因為陌生而顯得生疏害臊，但是當他們發現原來老師早已認識他們時，他們對老師的親近感與喜歡，也就會增加很多分。

開學初始，我們不僅要讓孩子知道老師會認識他，也要讓孩子有認識我們的機會，因此讓孩子在開學週戴上自己的名牌時，老師也要千萬記得戴上自己的名牌，讓我們彼此有認識對方的機會。

就像談戀愛一樣，給對方機會認識我們，如此我們才能藉由了解彼此，增加愛意，來一場美麗的邂逅。

藉由姓名牌，讓我們跟孩子彼此認識。認識你，也認識我，跟孩子談一場美麗的戀愛，然後一同踏入學習的旅程。

教學與布置

情境布置一直是教學很重要的一環，我絕對認同環境教育的必要。尤其當生活中的情境是符合學習的氣氛時，孩子的學習的確能事半功倍。

如果課程內容切合孩子的生活經驗時，相信老師在帶領孩子學習的歷程中，也會感到得心應手許多。

因此，每當活動主題要開始改變時，我們會更動部分布置。尤其搭配節慶活動與學校活動時，這樣的教室布置，會讓孩子感到來上學是一件快樂的事情。

學期將結束，過年的氣氛也越見濃厚，我們在教室布置了一個小角落，擺放年節的各式吉祥物品，再吊掛起紅色春聯，上面寫著各式吉祥話。

不消說，孩子們一下子就記得所有吉祥物食品的意義。

蘿蔔是好彩頭、年糕是步步高升，而魚是年年有餘、鳳梨是旺旺來。

孩子們不知不覺的學習，而老師也在教學過程中，很輕易的就將孩子的學習情緒，拉到充滿季節節慶的氣氛裡。

重點式的布置，要比大量而華麗花俏的布置，來得讓孩子印象深刻，且學習力會更專注。過往許多的布置均特意強調美工與認知學習的成果，事實上，不見得一定是如此。

我喜歡華德福季節桌的布置概念，我也喜歡單元教學中，每個孩子的作品都是成果的想法。

布置，不一定要美化到盡善，但**若能利用孩子的作品，運用適當的教學提示布置，相信對教室學習氣氛的營造，與提升孩子學習的意願，絕對會有正向的加分。**

說故事

跟孩子說故事，是教師必備的技能。無論是大孩子或小孩子的老師，中外皆然。

但是故事要說得好，也要說得巧。怎樣吸引孩子？怎樣讓孩子體會故事情境？怎樣讓孩子融入閱讀？就成了一門專業工夫了。

記得當學生時，老師總會要求我們練習說故事。運用不同的素材來引起聽故事者想聽故事的欲望，還必須要讓聽故事者有著想要進一步延續更深入閱讀故事的動力。

我喜歡說故事給孩子聽，有時我會帶著布偶，偶爾也會使用一些道具。

說故事的輔助材料很多，其實是無須設限的，而這些不設限的東西都可以增加說故事的趣味。

例如音樂與樂器的運用，在說故事歷程中，增加音效，會是很好的輔助工具；面具或裝扮的服裝，也能讓孩子間接體會到戲劇表演原來跟故事是脫不了關係的；布偶與各式偶的運用，可以讓孩子更加專注在故事的敘述上。

事實上，說故事的方式有很多，教師可以視教材與主題的特色來做選擇。運用得當，當然會有很棒的加分效果，孩子也會更加喜愛；但是如果準備不周，運用不當，就成了一場失敗的故事課了。

古語說，「師父領進門，修行在個人。」

說故事的修行，別無他法，就是不停的說，不斷的說，而且要用心的說。

音樂，好幫手

上午到校，進了教室，第一件事就是先將音樂打開，讓教室裡充滿著音樂的聲響。不管是活力的童謠音樂也好，或是輕柔的古典音樂都可。

音樂在營造教室氣氛時，確實扮演重要而盡責的角色。

孩子是敏銳的。他們會在不同的音樂轉換間，明白這時是遊戲的音樂、靜息的音樂，或是準備如廁休息的音樂。

不同音樂的聆聽，對創造孩子的敏銳與專注，有其獨特的效用。

我不設限音樂的類型，但是我對音樂的要求，是必須要孩子喜愛，簡單易懂，且容易琅琅上口的。

找幾首好聽的、旋律簡單、孩子易懂的好音樂，作為經營教室氣氛的好幫手。在每一個學習段落，釋出這些音樂，以提醒孩子們做轉換，也為師生之間建立好默契。音樂，可是老師的好幫手呢！

貼紙妙用多

我很喜歡貼紙，無論是大的小的，鮮豔的樸素的，立體的平面的，不一樣的小貼紙總可以發揮不一樣的功能，在不同的生活情境中有其妙用。

除了在班級常規中，貼紙可以給孩子不一樣的正負獎勵功效外，貼紙還有很多很棒的好功能。

有時我會貼在掃把上，告訴孩子這支掃把的貼紙是紅點點，必須收拾在有紅點點的位置。

或者在書籍的分類中，將不同的書籍以數字做好簡單的分類，告訴孩子收拾書籍時，要記得看好它的家，幾號的書就放在幾號的家。簡單明瞭，又可以學習數字和分類，一舉數得。

美勞課時，我會利用貼紙讓孩子自由創作，讓孩子發揮自己的想像力，將貼紙黏貼在自己的繪紙上，表現心中的意念與形象。對於年幼的孩子來說，是很好的創作工具。

有些孩子不認識櫃子上的名字和數字，這時貼紙就能發揮功效。將貼紙貼在想要孩子認識的櫃子上，告訴孩子，這是你的櫃子，要記得自己的貼紙喔！

有時會在回家時給孩子一張小貼紙，那是一份鼓勵與獎賞。貼紙的溫暖會傳遞給孩子，告訴孩子，你今天很棒！

貼紙真的很好用。

所以我會準備很多的顏色貼紙、形狀貼紙，甚至市面上許許多多彩色漂亮的貼紙，它們妙用無窮！

跟孩子說話

跟孩子說話，是件不容易的事。尤其在面對二十多個孩子時，要怎樣說得清楚，讓大的小的都聽懂，這可是不簡單。

必須言語簡潔，速度緩慢，口齒清晰。最重要的是，必須是孩子可以聽懂的文字。

成人式的用詞或過於社會化的，都不宜跟孩子對話。有的孩子似懂非懂，在使用文字敘述時，常會有弄錯或不恰當的時候。

比如「好屌」、「ORZ」、「嗑飯」……等許多現代大孩子或成人常會使用的流行性文字，對小小孩來說，其實都不甚恰當。

如果更改為「好棒」、「不是很妥當」、「吃飯」……等比較清晰明白的文字，對孩子來說，不僅簡單易懂，在使用時，他們也會比較明白怎麼樣的場合可以使用，怎麼樣的時間可以說明。

我常想，**現在的孩子不是不懂得說話，而是因為大人並沒有明確的教導孩子，什麼時間說怎樣的話，什麼場合說什麼樣的話。**

適當的地點說恰當而令人愉快的話。這樣的學習，在現在的教學中，其實是很必要的。

說話必須清晰明瞭文字的意義，而**明白文字的意義在於大量而正確的閱讀**。

我十分贊成閱讀的必要性，但是不認同將閱讀視為一種教學或者工作，**閱讀必須是一種習慣，一種喜悅，一種樂在其中**。

因此，閱讀、文字和說話，其實是環環相扣，而一體多面的。

手指謠

生活中與孩子總是有許多的等待時間，比方說等待遊戲、等待吃飯。等待的時間就像是空白的學習時間，如果就這樣讓時間白白流逝，多麼可惜！

因此，手指謠會是很好的打發時間的小活動。

手指謠的型態有許多，坊間有很多類似的相關書籍，甚至還會附上CD，供家長與老師們參考學習。有興趣的人可以自行到相關網站或書局選擇參考。

我在與孩子做這些遊戲時，喜歡與孩子們玩有聲音的和沒聲音的，大聲的和小聲的，無聲的和有聲的，有動作的和沒動作的。

手指謠的玩法、型態，其實都可以因應情境變化而隨時做調整，甚至臨時改編文字，改變量的用詞，數字的變化，改變音律與節奏。

文字的敘述沒有一定的規則，但是遊戲的變化是老師可以主導的。任何場地都可以隨時的玩，在必須安靜的地方等待時，我們就安靜的用手指來唱歌謠；在可以大聲唱和的地方，我們就大聲的用歌曲和手指來唱和。

手指謠不一定非要用手指不可，身體的運用不也是一種工具？如腳的踩踏、眼神的變化等。

仔細想想，手指謠的變化這樣多元，對於中班或大班的孩子來說，也難怪能這樣的吸引他們了。

紙抹布

孩子當值日生是必要的活動，而教室裡的各類「工作長」在做清潔時，抹布則是不可缺少的。

但是布抹布，一定要常清洗。往昔，我每天總要花上一些時間清潔抹布。原因無他，抹布畢竟是孩子每天使用的工具，遊戲過後的清潔，吃飯或點心後的各式清潔，抹布是絕對少不了的工具。

常常更換抹布，是保持教室清潔乾淨的好方法，也是杜絕細菌與傳染病的方式之一。畢竟孩子年紀小，身體衣物不可能隨時乾淨如新，而接觸的物品也不可能隨時清潔消毒，勤洗手是保持衛生健康的好方法。那麼勤於更換抹布，則是輔助環境衛生的好幫手。

布抹布，看似比較環保，重複回收使用率也是最高的，但缺點就是必須要常清洗，而如果清洗不乾淨，還容易造成發霉與髒污，不甚美觀。

紙抹布，大約兩天就得汰換一次，汰換率較高，看似不夠環保，但是卻比較能維持一定的清潔度。

此外，感冒幾乎是所有幼兒園裡常見的幼兒疾病，除了必須留意環境衛生，鼓勵孩子常洗手外，我發現，抹布的使用方式也會有影響。

畢竟乾淨的抹布較不易有細菌殘存，這是使用紙抹布後的意外收穫。

我在一般的五金大賣場裡，發現這樣厚厚的工業用紙抹布，可以重複使用，也可以隨時汰換，保持清潔，於是我將它用來作為教室使用的抹布。

用完就可更新，如不是太過髒污，重複使用一兩天也很方便、環保，再加上抹布布質不甚厚重，也不會太大張，孩子手握之間還挺順手的。

我想這是挺適合一般幼兒園班級的。

點名

跟孩子點名時，你會怎麼做呢？很刻板的、很活潑的、很快速的，或者是從來都不點？

我們每天都要跟孩子點名。怎麼點名呢？其實直接念名字最快了，但是想要讓孩子更快速的記下同學的名字，還有什麼方法呢？可以唱歌來點名，可以用歌謠來點名，也可以用節奏來點名。

偶爾我們也會換換形式，在點唱完自己的名字後，還可以模仿各式各樣的聲響來點名回應，變成一種遊戲，多數孩子都很喜愛。

當然，如果在點名時，可以讓孩子搭配一些肢體活動，也會是很棒的創作遊戲。

點名的方式何其多，其實不須拘泥於傳統形式。

那麼點名需要輔助材料嗎？我最常使用的是姓名牌（另一種字體較大的姓名牌，還可貼上黏膠磁鐵）；開學前，將姓名牌先做好，在開學後的點名初期，也盡量將姓名牌跟孩子的點名工作結合在一起，一邊點名，一邊拿牌子，讓孩子們記憶。

孩子聽到了，看到了，於是他們就會記下，將這記憶深刻的放在腦海裡。

其實孩子記名字很快，但是**如果用些小策略，讓孩子可以更快速的記下同學的姓名，也是幫助他們融入團體生活的好方法。**

認識了同學的名字，再來要結交好朋友也就會快速多了！

讓教室充滿家的氣氛

幼兒園的教室，雖然有相關法規的規定，但是實際上，幼兒園的教室還是有大小不同的區別。有的教室非常窄小，有的教室則是大得驚人！

我自己待過的教室就有大有小，有的如兩間教室合併般的大，有的小如一般教室的三分之二小。教室的大小位置雖然不能由老師決定，但是布置教室總是我們可以自己決定並規劃設計的。

那麼第一點，我們認識自己的教室嗎？第二點，我們知道自己教室的特點嗎？第三點，我們想要在什麼樣的教室環境裡生活學習？我覺得這是很重要的班級經營策略，因為情境可以影響孩子，也能影響老師，我們怎麼能不重視情境布置所帶來的學習影響呢？

以自己的經驗來分享，我會想在布置教室時，先了解班級人數有多少，知道人數，也比較能在空間規劃上有所依據；觀察教室的大小與形狀，認識教室的地理位置，觀察教室裡的角落哪邊是安全的，哪邊是不安全而且需要加強的。

布置教室時，我會把它當成一個家，一個可以讓孩子喜歡而且溫馨的家園。我會開始在腦海裡畫圖，畫下一幅對家的期望，想想空間的規劃，釐清教室的動線與流暢度。我希望教室裡的氣氛是溫暖的，是接納的，是會讓人不由自主的喜愛的。

布置時，在角落裡放上一盆花，掛上一幅畫，或者養上一池魚，對孩子來說，自然的環境布置與花草的融入情境，對他們是有吸引力的。因此這也是我在教室裡常使用的布置小物，配合季節的轉移，搭配上適當的布置小物，讓孩子在季節情境的轉換間，主動並自然的體會到學習的吸引力，也是在規劃教室布置時，我們可以享受到的另類樂趣。

孩子的作品是最好的布置品，當然，適當的布置物也是吸引孩子學習的動力，那就把教室當成自己的家吧！想想我們在家裡生活時，會怎麼樣布置我們的家？那麼我們就會知道怎麼樣營造氣氛，並讓自己的教室充滿喜樂與歡欣。

跟孩子戀愛

愛人看愛人的眼光總是甜蜜無瑕。

那麼看孩子的眼光呢？嚴厲的？挑剔的？溺愛的？完美的？**怎麼看孩子就是怎麼看自己。**

對自己嚴格的人看孩子也會是嚴格的，

對自己寵溺的人看孩子也會是寵溺的，

跟孩子戀愛也正是跟自己談戀愛。

給孩子充滿愛的每一天，孩子也將回報以充滿愛的眼光。

於是跟孩子戀愛時，正是為未來的日日美好構築滿滿回憶。

【推薦】用心看待孩子的每一天

孫麗卿（嘉義大學幼教系助理教授）

身為一位公立幼兒園的教師，不僅需要有三頭六臂，還要有驚人的記憶力，因為她得面對一群來自不同家庭背景，有著極大差異性格的幼兒。一般的教師每天能將繁雜的教學及行政工作完成就已很不容易，要做到觀察幼兒的行為，並針對幼兒的需要做回應就更不容易，但更難能可貴的地方是ＴＪ老師還將這些訴諸文字，記錄下她與孩子和家長互動的生活點滴。

ＴＪ老師在文中透過一篇篇的生活小故事，道出她對班上孩子的關心，也描述出現今社會多元的家庭型態下，對於幼兒在生活上和學習上的深刻影響。在ＴＪ老師的班級中三分之一的學生來自於單親家庭、三分之一來自隔代教養家庭，這樣的班級儼然是現在台灣社會的縮影。但有趣的是，一樣來自於單親家庭的小孩，卻因父母對待婚姻和生活態度的差異，孩子有著迥然不同的情緒反應和行為表現，如〈陽光男孩〉的阿明，因父母親對離婚的坦然態度，造就了阿明的開朗與活潑。

在每篇故事中，記錄下的不僅是幼兒在幼兒園中常見的行為，如刻意討好大人、哭泣、尖聲大叫、打人、打小報告等，更可看到TJ老師如何看待和回應孩子的這些行為，這樣的紀錄與心得分享，可讓讀者（尤其是父母親或教師）去思考孩子行為背後的緣由。我們如何看待孩子的行為，其實也決定了我們如何對待孩子的方式，因此透過文章都可讓我們再度省思，我們在跟孩子的相處過程，是否有誤解孩子，有過度保護孩子，或是對孩子有過高的期望。並再度的提醒我們，孩子的偏差行為常常是因我們大人的不信任、急促、不安情緒和忽略所造成的。

此書沒有艱澀的理論，沒有教學技巧的原則，卻透過一篇篇的小故事，傳達著TJ老師對小朋友的愛意，以及自己對教學的熱忱。我相信此書對於擔任幼教老師的讀者會產生很多的共鳴，並激勵教師從不同的角度看待幼兒教育。我也期許有更多的教師能跟TJ老師一樣，從每天與孩子的互動中得到感動。

【推薦】幼教老師眼中的專業幼教老師

曾玲真（嘉義縣柳林國小附設幼兒園教師）

「我的搭檔出書了！」

ＴＪ老師出第一本書籍《愛要剛剛好》時，我就這麼驕傲地對朋友介紹這本好書。現在，ＴＪ在眾人的萬般期待下，第二本書也即將付梓，這是值得幼教老師、家長以及所有關心幼兒成長大人們好好閱讀的一本書。

透過本書，提醒幼教老師在教育現場要多培養敏銳的觀察能力，探究孩子行為背後的原因，認識他、了解他、引導他；透過本書，點醒家長在育兒過程中要多傾聽孩子內在的聲音與陪伴，知悉孩子最真實的需要，同理他、關懷他、鼓勵他。

和ＴＪ共事的那兩年，是我教學生涯中最能實現教育理念，也是心靈最富足的時候，能找到理念相當又好相處的搭檔，是孩子和家長的福音，也是老師的福氣。

於公，ＴＪ是個認真負責的搭檔，我們能夠一起討論教學內容、激盪主題活動創意，當發現彼此教學上的優點會互相學習，在教學上遇到問題則能相互討論，給予彼此建議，這雖然看似容易，但在幼稚園雙導師的教學中，實則難得。

於私，ＴＪ是個體貼善良又會照顧人的好姊姊，總不吝與人分享她的育兒經驗法則和婚姻經營之道，熱心的ＴＪ就如同鄰家大姊般，給人溫暖與感動。

細膩、敏感、創意，這是ＴＪ老師的特點。

對於孩子的些微改變，ＴＪ老師總能在第一時間發現，細膩覺察孩子的問題；對於自己的教學方法，ＴＪ老師總能隨孩子的獨特性來調整，敏感力啟動ＴＪ的反思能力；對於和幼兒的遊戲互動，ＴＪ老師總能飛快融入並創造更多元有趣的變化，極富創意的ＴＪ老師是小孩子心目中的大孩子。

ＴＪ是個有原則的老師，即使幼教環境已經被商業化，ＴＪ仍可以秉持幼教專業與初衷，一切以幼兒為主體，從孩子的角度出發。ＴＪ班上的孩子就是可以不用帶書包上學，讓幼兒的學習回歸到最單純的探索，大自然和孩子的興趣探索就是最好的教材，是孩子一生都取之不盡的寶庫，何需額外的教科書和書包，來壓垮孩子的童年！ＴＪ對幼教的堅持，就是真正的讓幼兒適性發展，釋放孩子的天性。大自然教室，就是孩子最豐富的學習內容。

ＴＪ老師與孩子的相處，是沒有距離又饒富創意的，就像〈我喚他「大哥」！〉一文中，了解孩子的特點，給孩子發揮長處的舞台，主動拉近與孩子的距離，賦予孩子學習生活中新的使命，你將會發現孩子的改變與成長。

她願意理解與包容孩子的情緒，願意等待孩子身心更加成熟，才能盼到孩子的長大，從上演〈當分離的焦慮來臨〉的小高這篇文，我對於ＴＪ老師的耐心和愛心更是佩服。有太多的教育現場新鮮事，總是在考驗著老師的智慧與解決問題的能力，ＴＪ老師總能在第一時間憑著敏銳的觀察力發現問題，再以創意的思考能力與細膩的心，幫助自己或家長及幼兒解決問題。

在幼教這片花園裡，因為有ＴＪ老師愛的灌溉，讓我們得以耐心等候，充滿希望的等待花開、能聞到花香。今年適逢幼照法剛上路，在幼教改革和制度仍是亂哄哄，不甚明朗的現在，我與ＴＪ有幸能在這片希望的花園裡駐足，期待幼教曙光的來臨。

【推薦】遇見，ＴＪ老師

陳怡霓（嘉義市蘭潭國小教師）

「希希馬麻好！」

遠遠的，一群可愛的小太陽們活力十足的向我問好，像天籟般的銀鈴聲。

我常開玩笑的說，ＴＪ老師和我的關係很複雜。我們不僅是工作業務上往來的同事，彼此的兒女還年紀相仿，大部分時間，我們是大聊媽媽經的朋友，同時，ＴＪ老師也是我女兒希寶口中的小太陽老師。

走進小太陽班，就像書中所說，「會讓人不由自主的喜愛」。班級裡的擺設與布置散發出像家的溫暖，這樣的氣氛，舒服得讓人想在這裡來一杯卡布奇諾，悠閒的坐上一個下午。適合孩子的學習角落，流暢的動線，能在裡頭學習的小太陽們，是多麼幸福啊！

小太陽上學沒有書包，一日的幼兒園生活只帶餐具和水壺，ＴＪ老師認為，「書包裡帶的應該是快樂，裝的應該是滿足，成全他們喜歡探索的欲望，成就他們歡喜學習的動力。」於是乎，希寶帶去的快樂和滿足，會在放學時換成滿滿的笑容與自信，當然，少不了還有一身的臭汗味和小花臉！

如果說，TJ老師的上一本書《愛要剛剛好》（寶瓶出版）是身為幼教老師的她用「行動教養」為父母親做最好的示範，那麼，這本書就是她「回歸正途」，書寫在幼教領域燃燒青春十餘年「行動教學」的成果。

TJ老師從小姐到媽媽，從鄉下到都市，始終不變的是用愛自己孩子的心意愛班上的孩子。

從一篇篇的小故事中，隨著TJ老師走入孩子的世界，她站在媽媽老師的角度教導父母如何看待幼兒在學校發生的問題，更點醒了身為家長的我們，即便是將孩子送入幼兒園，看似可以喘息的片刻，亦不能忽略學校與家庭的聯結。幼兒園是孩子脫離家庭，開拓生活視野的第一步，孩子在學校的各種反應，忠實的呈現來自於家庭的部分樣貌。透過老師的雙眼，能幫助我們發現孩子不同的面向，唯有父母親誠實的面對問題，經由老師的建議，調整自己教養孩子的步調，親師緊密的配合與了解，而致最終受益的，是孩子。

社會型態的改變使得現在的幼兒園充滿過多的知識填鴨學習，紛沓來自家長的壓力迫使部分幼教老師遺忘初衷，忽略了幼兒真正的需求。我誠心的期盼ＴＪ老師分享的經驗可以激起老師們重拾當年的熱情，套上流行偶像劇的台詞，勇敢的「做自己」、「不要怕」，堅持為幼兒做對的事，一分一畝的耕耘，一點一滴的灌溉，讓孩子在老師悉心的關照下，自然快樂的成長茁壯。

ＴＪ老師說：「給孩子充滿愛的每一天，孩子勢必也將回報以充滿愛的眼光。」從今天開始，請準備好和孩子談一場轟轟烈烈的戀愛，當中的點滴回憶，是孩子向前走的能量與勇氣。還好，我們遇見了ＴＪ老師，現在開始，還不算太遲！

【推薦】滿滿的愛

許倣千（雲林縣潮厝國小附設幼兒園教師）

在幼兒園裡，每個孩子都是每個老師的寶貝，也都是老師的最愛。

TJ老師以自身經驗為本，除了教學之外，也進行寫作的分享，一直不間斷。在這本書裡，她不僅道出了身為家長和老師的人生經驗，也讓人感受到她帶領孩子的熱忱與熱情，可讓為人父母的我們，對自我有著更深入的認識與成長。

大家都知道幼兒教育的重要，可是教育的目的是什麼呢？傳統的家庭會覺得父母就是教導者，小孩沒有父母懂得多，所以小孩就應該好好的受教。但是受教是什麼？在這本書中，TJ老師讓我們體認到，父母和小孩彼此都是教導者，也是受教者，小孩可以是快樂的小天使，在老師、家長和孩子不間斷的互動中，將能引領三方彼此相互成長。

本書內容務實的記錄著TJ老師細心觀察與跟孩子的互動過程，深入淺出的文字非常口語化，卻又帶著其雋永的道理，每個孩子都有其特別的個性，必須以孩子的興趣與天賦來發展其自我意志，是在這本書裡一再提及的信念。

有些家長認為將孩子送到公立幼兒園來只是玩，並沒有真正的學習，但ＴＪ老師非常了解幼兒階段的孩子，其模仿能力強且又具有高度的學習能力，因此ＴＪ老師會運用自己的智慧與經驗，透過遊戲的方式和方法，讓孩子順性發展，並將其與生活環境做結合的學習，鼓勵孩子運用想像力，容許孩子發揮思考力，在生活中培養其意志力；為了讓每一個不同特質的孩子能順利成長，ＴＪ老師不厭其煩，一再反覆的以身教與言教來當孩子最好的榜樣。

我認識的ＴＪ老師，認為每個生命在不同的階段都會有不同的發展，從事華德福教學的我，在與她相交的過程裡，除了因為有共同的歡喜裡念，也有著惺惺相惜的珍視。與她相談，會發覺彼此都喜歡華德福教育的自然精神。

在人類的生命發展歷史中，給孩子健康發展之成長是華德福教育的重要理念，教育必須兼顧孩子的身、心、靈發展、情感的表達以及感官的呵護。我在華德福教育體制裡，將每一位孩子視為是星球來的孩子，睡覺之前也都會回到靈性世界去，師生隨時都在實踐生命教育。因為生命是這樣的可喜與令人珍視。很高興有這樣的一位夥伴，雖不在共同體制內，卻也具備著相同的人文精神與自然觀念。我想我與TJ老師，是一份難得的相識。

閱讀這本書，無論是遇見孩子的偏食、孩子的鬧情緒、孩子的被過度溺愛，或孩子的無理取鬧，TJ老師總能不厭其煩的安撫孩子，以正向的心情鼓勵孩子，引導孩子走向健全的人格，讓孩子擁有美好的內在規律，也為孩子建立規律的外在節奏。閱讀TJ老師的文章時，可以發現她除了充滿善意的與家長溝通外，也會鼓勵家長建立規律的家庭生活，在這商業氣息濃厚的社會裡，與家長共同努力，讓孩子不管在家或是在幼兒園，都能養成具一致性且有規律性的習慣。這樣的過程也無形的讓家長們體會到，生活周遭是充滿規律的，在其中感受到大自然的規律是一種必要。

幼兒園的孩子正處於模仿階段，也會如海綿般吸收周遭環境的各種事物，孩子會受到老師、父母及周圍成人的影響，因為孩子會本能的模仿與學習，爾後內化為外在的表現。在這本書裡，TJ老師告訴我們要讓孩子能遵守規矩，就是周邊的成人要有良好的身教與言教；換句話說，老師與父母的教育能力來自於自身的榜樣，老師和父母都須不斷的自我成長，這樣才能幫助孩子建立好規矩。當老師和父母能彼此互相信任與支持，就能從對方的經驗中相互學習，如此才能給予孩子清楚的訊息，且帶給孩子積極的榜樣，進而建立孩子良好的自信心。

閱讀這一本書，讓我感受到ＴＪ老師不僅將滿滿的愛給了自己的寶貝——恩恩與愛愛，也給了她幼兒園裡無數的寶貝及生活周遭的孩子無限的真愛，讓我好生感動。因為她就是從自身的生活故事及生命史中來理解孩子與關愛孩子。

我誠摯的向大家推薦這一本書，希望藉由閱讀這本書，也能幫助老師及家長找到豐富的教學資源與力量。

【後記】記得那些叫作熱誠、叫作希望、叫作期待的名字

連著好幾天，孩子說腳痛。

嗯，孩子腳丫子不知何時已長大，鞋子變小了，突然想起孩子初生時，那柔嫩嬌小的小腳丫。

孩子長大了，我心想。

颱風過後的畢業典禮，雨意猶未盡的絲絲下著，我看著畢業的孩子一個個有秩序的上台，我想起這群孩子初來時的青澀，在歡喜孩子長大的喜悅裡卻有著時光荏苒的感傷。

孩子長大了，我感慨。

長大是段對大人殘酷，對孩子微笑的歷程，成長是種失落，有了失去，才能有所得。長大，是一種現實，一種殘酷，一種時間的歷程。

我的工作是看著孩子長大，伴著他們長大，等待他們長大，期待他們長大，最後迎送長大後的他們邁向另一成長的旅程。

這是幼教老師的階段性工作。

這篇序，我寫了近三個月，思緒的澎湃洶湧都在掙扎間湧出，該怎麼書寫，許多的夜裡，桌前的我跟腦海的我對話無數。

這些書稿從多年前記錄直至今日，一直都在電腦硬碟裡。我將這些故事視為自己教學的記錄之一，在或跟孩子，或跟家長，或跟自己，在每一次的事件與衝擊後，我將這些心情過程一一記下，現在回頭翻開這些回憶，就如同讀著一位老師從求生階段開始的教學故事，我這才察覺，原來我走過這些日子，那些或痛或喜早已遺忘。

我常被問到的是，幼兒園到底教什麼。

當我說教生活、教禮貌、教應對、教態度時，聽到的人總是點頭如搗蒜，但末了總加上一句，「啊！這些都應該要教的，但是有沒有教注音？數學？國語？對了！教不教才藝？」

對於這樣的回應，我只能安靜的笑著，想著，然後感慨著。

大多數人不認為生活是一種學習，不覺得禮貌是一種必要，對於應對進退必要的得體態度的學習，總認為長大了就會好，於是父母師長不重視身教，不重視生活，重視表象的成績，喜歡浮誇的言語，被流行引領著，唯恐趕不上潮流，唯恐落後於他人的新潮，於是不該是幼兒園課程的概念被帶到幼兒園裡來，就這樣，幼兒園質變了，老師也累了，這讓我感觸良多，曾經感到疲憊，曾經讓我也興起不如歸去的念頭。

我其實並未想過這些故事能夠付梓成書，這幾年，我只是想將我經歷過的寫下，是一篇篇的日記、週記，我藉著書寫提醒自己，因為深知人的安逸本性，因此我戰戰兢兢警惕自己，提醒身在教育孩子第一線工作的我，不能妄自菲薄，也不能安於守舊。

孩子是上天給與的禮物，我常這樣的想著，也這樣的認為，他們是來教導我們的。

在每一次的相處間，每一次的磨合裡，從陌生到相識，從試探到熟稔，他們成長著，我們成熟著，他們學習著，我們經驗著。

我在多年後的驀然回首時，才發覺原來不知不覺中，我們都受教於孩子，並內化了這些點滴經驗在生活裡而不自知。

完稿那日，我反覆閱讀著，心裡有著一絲絲的感傷。感嘆學齡前幼教工作者曾給自己幾多的鼓勵與自信？在第一線的工作繁多且責任重大，照護孩子其實並非單一，不僅是在身體的照顧，心靈的照護更是必要的重要，然而現階段許多不夠友善的制度，往往造成許多的傷害與誤解，對照過往與現今的功利和商業化，我懷念起多年前初入幼教時，大環境的純樸與天真。

如果孩子是一朵花，那麼花園裡的園丁就是我們，園丁須好好照料花朵，並自我充實知識，讓花兒茁壯成長。

在多元的今日，老師角色的扮演已不若以往單純，授業、解惑之外，帶領著孩子學習生活，也要增長自我智識，老師要傾聽，要了解，要與家長一起成為教育合夥人。

這本書裡的孩子，都是我跟孩子與家長們真實的故事，所有主角都以化名代替，部分情節也稍做修飾，避免困擾。

這些孩子和我，亦師亦友，也許並未親近如家人，但是在相遇的當下，他們總讓我亦步亦趨，戰戰兢兢，努力實現給孩子快樂童年的理想。因此深夜裡，我面對著電腦，敲敲打打的將腦海裡的文字一一記下。

不僅是記下自己的教學心情，觀察孩子與事件的感受，我也檢視著自己跟孩子，試著用比較客觀的眼光看教學與工作。

我想起幾年前，一位我很喜愛的一個男孩畫了一張全家福，畫裡有媽媽、他和弟弟，還有一間漂亮的房子。

我問他，這是什麼？

他回答，我畫我的家人，因為我很愛他們。

停了一會兒的他，指著那間房子說，我長大後要努力用功賺錢，買一間漂亮的房子給媽媽住，這樣媽媽跟我們就不用常常搬家。

孩子的話剛說完，我眼底馬上熱了。

看孩子成長與分享生活經驗，一如看到社會的小小縮影，我總被深刻的感動著，然後不由自主的記下一則則的故事。

今年是幼托整合的第一年，在二〇一二年的八月一日後，全國所有的學齡前教育機構，都將統稱為「幼兒園」。

過去的幼稚園、托兒所等名稱，都將走入歷史，不僅是名稱上有所改變，多年來許多的幼教制度也都將跟著轉型改變，身為幼教人之一，能夠躬逢其盛，我又喜又憂。喜的是但願台灣幼教環境能夠有更好的改善，憂的是在這樣的詭譎多變環境裡，越變越好會不會淪為一種口號？

一直這樣認為，身為一位幼教老師，是不能過度期望孩子長大後會將自己記得，因為長大是會伴隨著遺忘而行，而遺忘是人類往前邁進的動力。

人類的進步，是因為往前不斷，因為要往前不斷，所以會自動篩選要遺忘的。為此我們學習了淡忘，學習了放下，學習了珍視，最重要的是學習了愛。

我聆聽著神隱少女裡千尋找尋自我的旋律，想著在這樣的歷程裡，我跟孩子都在追尋著，也都在遺忘著，然後也成長著。

理想的快樂花園是不斷追尋著的目標，長大是種努力，遺忘那些制式的，不合理的，不應該的與不對的，是一種必要。

儘管跌跌撞撞，但我仍然期許在未來我能記得那些曾經是自己的名字，記得那些叫作熱誠，叫作希望，叫作期待的名字。

我常納悶為什麼自己會站在這裡，從小到大，我立下的志願裡從來沒有老師這一樣，但是我卻投入了，而且還深陷其間。

我的故事並非絕對的教育觀點，我明白因為自己並非教育專家，我只是盡量做自己，記下眼裡看到的，心裡感受的，如果可以，藉有這本書，我想知道是不是有一種可能，讓閱讀著的你或妳，有幾許的思考與想法，進而影響我們能為孩子的未來所努力的……

這本書，我想獻給這些年一起相遇的孩子與教育夥伴們，謝謝你們，才有這本書的誕生；我想獻給我的先生，因為他的鼓勵，我才有勇氣執著努力完成；我想獻給我的家人，謝謝他們的體諒，讓我得以任性的爬文寫字。也謝謝亞君、純玲和寶瓶團隊，因為您們的用心，讓我得以實踐夢想。

二〇一二年九月十八　夏秋之際　ＴＪ

國家圖書館預行編目資料

起跑：幼兒園，孩子人生的第一仗／TJ園主任
著. --初版. --臺北市：寶瓶文化, 2012. 10
面； 公分. --（catcher；51）
ISBN 978-986-5896-01-0（平裝）

1. 學前教育 2. 文集

523. 207　　7101018803

catcher 051

起跑——幼兒園，孩子人生的第一仗

作者／TJ園主任
主編／張純玲

發行人／張寶琴
社長兼總編輯／朱亞君
主編／張純玲・簡伊玲
編輯／禹鐘月・賴逸娟
美術主編／林慧雯
校對／張純玲・陳佩伶・呂佳真
企劃副理／蘇靜玲
業務經理／盧金城
財務主任／歐素琪　業務助理／林裕翔
出版者／寶瓶文化事業有限公司
地址／台北市110信義區基隆路一段180號8樓
電話／(02)27494988　傳真／(02)27495072
郵政劃撥／19446403　寶瓶文化事業有限公司
印刷廠／世和印製企業有限公司
總經銷／大和書報圖書股份有限公司　電話／(02)89902588
地址／新北市五股工業區五工五路2號　傳真／(02)22997900
E-mail／aquarius@udngroup.com

法律顧問／理律法律事務所陳長文律師、蔣大中律師
如有破損或裝訂錯誤，請寄回本公司更換
著作完成日期／二〇一二年七月
初版一刷日期／二〇一二年十月
初版二刷日期／二〇一二年十月五日
ISBN／978-986-5896-01-0
定價／三〇〇元

AQUARIUS 寶瓶文化事業

愛書人卡

感謝您熱心的為我們填寫，
對您的意見，我們會認真的加以參考，
希望寶瓶文化推出的每一本書，都能得到您的肯定與永遠的支持。

系列：catcher 051　**書名：起跑——幼兒園，孩子人生的第一仗**

1. 姓名：＿＿＿＿＿＿　性別：□男　□女
2. 生日：＿＿年＿＿月＿＿日
3. 教育程度：□大學以上　□大學　□專科　□高中、高職　□高中職以下
4. 職業：＿＿＿＿＿＿
5. 聯絡地址：＿＿＿＿＿＿＿＿＿＿＿＿

   聯絡電話：＿＿＿＿＿＿　手機：＿＿＿＿＿＿
6. E-mail信箱：＿＿＿＿＿＿＿＿＿＿

   □同意　□不同意　免費獲得寶瓶文化叢書訊息
7. 購買日期：＿＿ 年 ＿＿ 月 ＿＿日
8. 您得知本書的管道：□報紙／雜誌　□電視／電台　□親友介紹　□逛書店　□網路

   □傳單／海報　□廣告　□其他
9. 您在哪裡買到本書：□書店，店名＿＿＿＿　□劃撥　□現場活動　□贈書

   □網路購書，網站名稱：＿＿＿＿＿　□其他＿＿＿＿
10. 對本書的建議：（請填代號　1. 滿意　2. 尚可　3. 再改進，請提供意見）

    內容：＿＿＿＿＿＿＿＿

    封面：＿＿＿＿＿＿＿＿

    編排：＿＿＿＿＿＿＿＿

    其他：＿＿＿＿＿＿＿＿

    綜合意見：＿＿＿＿＿＿＿＿＿＿＿＿
11. 希望我們未來出版哪一類的書籍：＿＿＿＿＿＿＿＿

讓文字與書寫的聲音大鳴大放

寶瓶文化事業有限公司

（請沿此虛線剪下）

廣　告　回　函
北區郵政管理局登記
證北台字15345號
免貼郵票

寶瓶文化事業有限公司　收

110台北市信義區基隆路一段180號8樓

8F,180 KEELUNG RD.,SEC.1,

TAIPEI.(110)TAIWAN R.O.C.

（請沿虛線對折後寄回，謝謝）